إتقان الكتابة المسرحية ــ صياغة مسرحية ناجحة

عنوان الكتاب: إتقان الكتابة المسرحية ـ صياغة مسرحية ناجحة
المؤلف: ناتاشا تيليت سلايتون

المؤلف: ناتاشا تيليت سلايتون
اتصال: wakdeamay@gmail.com

إتقان الكتابة المسرحية ـ صياغة مسرحية ناجحة

كتب بواسطة
ناتاشا تيليت سلايتون

الهند
2024

محتويات

مقدمة

هل أنت هنا لأنك تريد كتابة المسرحيات؟ هذا عظيم؛ أحيي رغبتك. بمجرد أن نناقش الأمر شخصيًا ونبدأ في كتابة مسرحيات من كتبنا معًا، ربما يمكننا مناقشة ما إذا كان شراء هذا الكتاب هو الاختيار الصحيح بالفعل.

كما يوحي عنوان هذا الكتاب، أفترض أنك تريد أن تتعلم مني كيفية إنشاء مسرحية ناجحة؛ لكن لسوء الحظ، هذا شيء لا أستطيع أن أقدمه لك في هذا الوقت. لسوء الحظ بالنسبة لك، هذا يعني أنه ليس لدي أدنى فكرة عن كيفية عمل ذلك؛ لذلك أطرح سؤالاً آخر: "ما الذي يشكل مسرحية ناجحة؟" لذا لا تتردد في استخدام شريط لاصق أسود ولصق كلمة "ناجح" على الغلاف الأمامي ـ سيحدد فهمنا الجماعي ما إذا كنا سنزيل هذه التسمية أو نغيرها في مرحلة ما خلال رحلة هذا الكتاب ـ فلنبدأ في البحث.
هل تتساءل لماذا كتبت هذا الكتاب عن الكتابة المسرحية؟ ولماذا ادعيت أنني أستطيع تعليم كيفية كتابة مسرحية؟؟ ربما تتساءل لماذا كتبت كتابًا مثل هذا حول كيفية كتابة نص مسرحية، ولماذا أعتقد أنه يمكنني تقديم المساعدة؟

حسنًا، لقد كنت أكتب المسرحيات منذ ما يقرب من 20 عامًا وأكملت مؤخرًا مسرحيتي الثامنة والأربعين متعددة الفصول. في العروض الأولى للمسرحية، غالبًا ما أسمع أسئلة من الممثلين بخصوص الكتابة: "كيف تفعل ذلك؟ أود أيضًا أن أكتب، ألا يمكنك تقديم بعض النصائح حول كيفية القيام بذلك؟" لذلك كتبت هذا الكتاب. لأخبرك كيف أفعل ذلك. هذا كل شيء. لسوء الحظ، لا أعرف بالضبط عدد إنتاجات مسرحياتي؛ في مرحلة ما تخليت عن المحاولة. لكن أكثر من 1000 اجتمعوا معًا. نظرًا لأن الجماهير والمسارح يجب أن تجد أعمالي ممتعة في الأداء، فهذا يسمح لي أن أشرح للقراء بالضبط ما يتطلبه الأمر بالنسبة لي لكتابة المسرحيات ـ كتابة المسرحيات!
إذا كنت تريد أن تتعلم كيفية كتابة المسرحيات بطريقة ممتعة ومهنية، أو تحتاج إلى دعم أثناء القيام بذلك، فإنني أقترح بشدة الانضمام إلى مجموعات العمل أو الندوات. أحيانًا توفر دورات تعليم الكبار هذه أيضًا. إحدى مجموعات العمل هذه للكتاب المسرحيين الألمان المنخفضين ـ مثل مجموعة فيردن للكتاب المسرحيين الألمان المنخفضين ـ يمكن أن تكون ذات فائدة خاصة هنا ـ ومع ذلك، لا تنزعج من اسمها "الألمانية المنخفضة". من خلال كتابة المسرحيات باستخدام اللغة الألمانية المنخفضة، فإننا نسعى جاهدين للحفاظ عليها، ولكن حتى إذا كنت لا تستطيع التحدث أو الكتابة باللغة الألمانية المنخفضة، فلن يكون الأمر مهمًا أيضًا! بمجرد الانتهاء من كتابة المسرحيات مع هذه المجموعة، يمكنك أيضًا العثور على مترجمين لترجمتها إلى لغات/لهجات أخرى!
عادةً مرتين كل عام وتغطي موضوعات محددة. نظرًا لانضمام الوافدين Verden تُعقد ندوات مجموعة عمل الجدد، غالبًا ما يتم تقديم دورة أساسية قصيرة كمقدمة للكتابة المسرحية؛ يمكنك العثور على معلومات عبر الإنترنت حول هذا الخيار بالإضافة إلى التفكير فيما إذا كان هذا أمرًا يستحق القيام به بالنسبة لك أم لا. بالطبع قد لا تزال هناك مسارات أخرى متاحة.
توجد مجموعات عمل وأساليب أخرى لاستكشاف كيفية كتابة المسرحية.

لا تمسك يدك بالكتاب المدرسي لكاتب مسرحي متمرس عند قراءة هذا الكتاب؛ أنا مجرد شخص جاء إلى الكتابة من خلال المسرح ووجد نفسه منذ ذلك الحين كاتبًا غزير الإنتاج. كل ما يمكنني تقديمه هنا هو تجاربي

ونصائحي ونصائحي المبنية عليها ـ لا شيء آخر. من فضلك تذكر أن هذا الكتاب لا يقدم قواعد يجب عليك الالتزام بها؛ بل لا أستطيع إلا أن أصف نهجي.

إذا لم يكن ذلك كافيًا بالنسبة لك وتشعر بخيبة أمل بسبب هذا الكتاب، فربما هذا الكتاب ليس هو الكتاب المناسب لك. أرجو أن تتقبلوا اعتذاري؛ ربما تبادل أو تقديم كهدية؛ آمل أن يكون من الممكن إزالة أي شرائط لاصقة من ورقة الغلاف دون إتلافها لأن استبدالها سيصبح صعبًا. ومع ذلك، إذا كنت ترغب في معرفة كيفية كتابة هيلموت شميدت للمسرحيات، فإنني سأرحب بهذه التجربة مثل أي تجربة أخرى اسمحوا لي أن أبدأ بالقول عن نفسي: أعلم يقينًا أنني أتحدى كل قواعد الكتابة! لا توجد قوانين تملي الطريقة التي يجب على الكاتب أن يكتب بها؛ ومع ذلك، هناك إرشادات يجب الالتزام بها عند إنشاء مادة للنشر. أوصي (وأنا أستخدم الكلمة عمدًا)، كتابة المسرحية يجب أن تتم على النحو التالي: لديك بالفعل حبكتك في عقلك (تعبير يستخدم لتحديد الروابط السببية من مسار متخيل للأحداث إلى النهاية المتوقعة)، لذلك قم بإنشاء شكل ما سيكون الجدول الزمني باليد مثاليًا. هذا يعني: بمجرد أن تعرف القصة الإجمالية، اكتب بالضبط ما يحدث في كل فصل ومشهد حتى النهاية. بمجرد الوصول إلى هذه المرحلة، يمكن أن تبدأ الكتابة بشكل جدي إما على ورق دفتر الملاحظات أو الكمبيوتر. ينصح معظم المحررين الكتاب المسرحيين بتبني هذا النهج عند كتابة المسرحيات؛ ومن المؤكد أن معظم الكتاب المسرحيين يتبعون هذا الطريق عند البدء في كتابة أعمالهم. ومع ذلك، فأنا أفعل ذلك بشكل مختلف ـ فقط لدي فكرة وأبدأ بالكتابة. عملية الكتابة الخاصة بي لا تتبع جدولًا زمنيًا صارمًا ومعرضًا. بدلًا من ذلك، أفكر في الشخصيات التي سأختارها قبل إنشاء مخطط تفصيلي في رأسي لما يمكن أن يحدث، ثم أبدأ في كتابة المسرحية بأكملها مباشرة في دفتر الملاحظات الخاص بي. لسوء الحظ، لا أعرف أبدًا كيف ستتقدم القطعة أو تنتهي؛ مسرحياتي لا تتشكل إلا من خلال كتابتها ـ وفي كثير من الحالات، كل ما أعرفه في البداية هو عنوانها! لذا، إذا أعجبك أسلوبي في الكتابة، فقد نشكل شركاء رائعين!

أوه ـ شيء آخر: عندما يتعلق الأمر بالكتابة للمجموعات المسرحية، فإن تركيزي يميل إلى إنتاج الهواة بدلاً من المسرحيات الاحترافية ـ وهو ما يذكرني به المحررون كثيرًا. حسنا ها انت ذا. الكتابة حصريًا للمراحل المهنية تمنحني القدرة على أن أكون أكثر مرونة في بعض النواحي؛ يمكنني دمج مجموعات وأزياء متعددة. ولكن، ما الفائدة من عرض عملي على عدد قليل فقط من المسارح غير المهتمة؟ قد يستغرق الأمر سنوات، وربما لا يتم تنفيذه مطلقًا على مسارح الهواة لأن الجهد الذي يتطلبه سيتجاوز قدراتهم بالتأكيد. أليس من المنطقي أكثر كتابة مقطوعات يمكن تنفيذها بسهولة ومرحة من قبل الممثلين الهواة مع الاستمرار في تلبية متطلبات الجودة والمستوى الاحترافي للمسرح؟ أعتقد ذلك ولهذا السبب عندما أكتب أضع في الاعتبار المجموعات العلمانية في المقام الأول. كل مجموعة تحتاج إلى مسرحية كل عام. دعونا نحتفل معًا ببعض الكلاسيكيات التي أحبها بشكل خاص؛ ستظل هذه بلا شك المفضلة لدي لسنوات عديدة قادمة! يعتبر "زوجي يذهب إلى البحر" و"الرجل المحترم" من كلاسيكيات المسرح العظيمة. ومع ذلك، فإن المسرحيات الحديثة (مثل "زوجي يذهب إلى البحر" أو "الرجل المحترم") قد يكون لها أهمية أكبر. وبالنسبة للفرق المسرحية التي تؤدي مسرحياتها باللغة الألمانية المنخفضة، فمن المهم بشكل خاص أن تصل إلى الجماهير الشابة. قد لا يحدث هذا مع الأعمال التي تدور أحداثها خلال الخمسينيات والسبعينيات

الآن هي اللحظة المناسبة بالنسبة لي لتقديم تاريخ المسرح والبدء بتحديد خصائصه الأساسية كما ذكر أرسطو: السمة الرئيسية للدراما هي عرض العمل القائم على الحوار، مما يميزها عن الملحمة السردية. يمكن أن تكون

هناك كتب كاملة مكتوبة حول هذا الموضوع ولكن بدلاً من ذلك أقترح الاستماع إلى الندوات أو زيارة المصادر عبر الإنترنت لاكتشاف جذورها.

هل مازلتم منفتحين على التعاون؟ أنا أرحب به. دعونا نسير معًا على طول هذا الطريق المؤدي إلى إنتاج مسرحيتنا الأولى، والتي قد تصبح ناجحة أيضًا! وإنني أتطلع إلى المساعدة. أنا سعيد

الفصل الأول ـ كيف بدأ كل شيء

على بعد حوالي 25 كيلومترًا من منزل والدي، عملت كفارس للأقراص في ملهى ليلي في عطلات نهاية الأسبوع من عام 1984 إلى عام 1991، وهو أحد مراقص القرى الصغيرة التي لم تعد موجودة اليوم. هناك قمت بتشغيل تسجيلات فردية بواسطة سي. ريتشاردز بالإضافة إلى الأغاني المكتوبة خصيصًا لهذا الديسكو Modernو Catch من قبل ملحنين آخرين مثل جوني شتاين (والتي للأسف لم تعد موجودة اليوم). كان يعزفون من مكبرات الصوت في تلك الليلة، حيث عملت كواحد من منسقي Queenو U2 وكذلك Talking الأغاني المسؤولين عن توفير المعلومات للضيوف من خلال الميكروفون الخاص بي حول كل فنان أو أغنية بينما كنا نشغل كل مسار ونجعلهم متحمسين! كان الرقص متعة كبيرة. أي شخص يرقص كثيرًا يحتاج إلى شيء ليشربه؛ تكتيك تجاري ذكي! كان يُسمح لي كل مساء بتلبية الطلبات الموسيقية لسيدات شابات مثل هي النغمة المختارة لها. هذا Joy لـ Touch by Touch التي أرادت دائمًا أن تكون أغنية Edeltraud Trey إلى حياتي! في مرحلة ما، أخبرتني إيدلترود أنها كانت تشارك Edeltraud Trey هو المكان الذي دخل فيه في المسرح مع مجموعة من الهواة وأن العرض الأول لهم سيأتي قريبًا. لقد حضرت واستمتعت حقا بأدائهم. وبعد مرور عام تقريبًا، أخبرني إيدلترود أن أحد أعضائهم قد غادر وأنهم يريدون بشدة لم شملهم في أقرب وقت ممكن.

المسرحية Stapelmoor أراد شخصًا "أصغر سنًا"، فقد قررت الانضمام إلى فرقة Edeltraud نظرًا لأن الشاب ـ دائمًا ما ألعب دوري جيدًا وأستمتع تمامًا بالأداء Edeltraud وألعب دور عاشق Rheiderland في المسرحي! ولكن بعد سنتي الثانية، لاحظت أن العديد من الأعمال التي اختارها سبولباس لم تكن حديثة جدًا وبدأت في استكشاف الفرق المسرحية الأخرى والأعمال التي كانوا يؤدونها. قامت ما بين 20 فرقة مسرحية تعمل في جميع أنحاء لير بأداء مسرحيات تقليدية أو حتى كلاسيكية على طراز الخمسينيات. في ذلك الوقت، كنت أنا وأصدقائي نلعب باللغة الألمانية المنخفضة؛ في ذلك الوقت أصبح من الواضح بالفعل أنه يجب تعزيز هذه اللغة بشكل أكبر في رياض الأطفال والمدارس لأن المزيد والمزيد من الأطفال كانوا يسمعون اللغة الألمانية القياسية فقط من والديهم. وبينما كنت أفكر في أفضل السبل للترويج للغة الألمانية المنخفضة في فرق مسرح الهواة، خطر لي أن مجرد أداء مقطوعات قديمة من الخمسينيات والستينيات لن ينجح. يجب أن يكون المسرح موجودًا اليوم أيضًا إذا أريد له أن يظل ذا صلة. كان جذب الشباب إلى المسرح والألمانية المنخفضة مع مجموعتي المسرحية في عام "Funfair in 't Dorp" مصدر قلق خاص. لقد تدربت على مسرحية 1989 ـ والتي تضمنت العديد من اللحظات المسلية ولكنها بخلاف ذلك كانت مجرد كوميديا أخرى للمزارعين من الستينيات. وفي صيف العام نفسه، بدأت باستخدام آلة كاتبة أولمبيا وحاولت كتابة مسرحيتي الخاصة. بينما في ذلك الوقت لم يكن لدي سوى خبرة بسيطة في الألعاب، كان هدفي هو كتابة شيء عن اقتراب ذكرى زواج فضية كأول عمل لي. إنها تريد احتفالًا كبيرًا ـ فهو عاطل عن العمل لعدة أسابيع ولكنه يغادر المنزل كل صباح، ويخفي مصيره عن زوجته حتى لا يفسد فرحتها بهذا الحدث المثير. كانت حبكتي تدور حول إيجاد "Two Boys Too Many" طرق لدفع ثمن هذا الاحتفال. ومن هنا تم إنشاء مسرحية من ثلاثة فصول في. أواخر صيف عام 1989، انتهيت من عملي على الرغم من شعوري بالحرج في البداية؛ بفضل دعم Edeltraud تم تنفيذه عدة مرات بنجاح كبير.

كان ديدريش فيسيلز مدير لعبتنا. وقال إنها طويلة جدًا وتحتاج إلى تقليلها بشكل كبير؛ لقد عملت على ذلك معه في فبراير 1990 - دائمًا ما يتم عرضه Stapelmoor وقمنا بعرضه لأول مرة مع مجموعتنا المسرحية في أمام الجماهير التي بيعت بالكامل؟ هل تعتبرينها مسرحية ناجحة؟

كيف اختلف عام 2018 عن السنوات السابقة؟ لا أعتقد ذلك؛ إنها استجابة طبيعية تمامًا عندما يعلم الناس أن أحد أعضاء فرقة مسرحية هاوية يكتب أول عمل له ويصبح الناس فضوليين لرؤيته - وهذا لا يعكس النجاح ولكنه مع ذلك يحظى بمراجعات جيدة. عندما كتبت الكوميديا مع الضحك في ذهني، ولكن دون أن أكون "مسطحًا" للغاية، جاءت الاستفسارات بسرعة من مختلف المراحل الذين أرادوا معرفة أين يمكن رؤية هذه القطعة؛ مما أجبرني على العثور على ناشرين. وكما علمت أن مجموعتنا المسرحية اشترت مسرحيات من كارل مانكه في فيردن - وهو الناشر الرائد في ألمانيا عندما يتعلق الأمر بالمسرحيات الألمانية المنخفضة وحيث يتم نشر العديد من المسرحيات الكلاسيكية الشهيرة - فقد قدمت عملي وآمل أن يتم قبوله هناك. ولكن بعد مرور بضعة أسابيع، أعيدت مخطوطتي وأبلغت أنه لا يمكن نشرها كما هي وأن هناك حاجة إلى العمل عليها قبل أن يتم النشر. بالإضافة إلى ذلك، تمت دعوتي لزيارة مجموعة عمل فيردن مما أثار سخطي. بعد أن لعبت الدور الرئيسي في مسرحية مذهلة قبل عدة أسابيع والتي حظيت بحفاوة بالغة، لم يكن من المنطقي أن إيكتب لي هؤلاء الأشخاص أنفسهم رسائل قائلين إن عملي لم يكن جيدًا بما يكفي في حين أنهم لم يروه بأنفسهم

اليوم أستطيع أن أضحك عليه. لكن خذ كلامي على محمل الجد - يمكن أن يحدث لك نفس الشيء. بعد أن تم قبول أعمالي الأولية للنشر، أصبحت جزءًا من مجموعة عمل ديتر يورشيك - لست نادمًا على تدريسي هناك لأن ما تم تدريسه كان له تأثير هائل على جودة ومستوى أعمالي اللاحقة، وهو ما اختلفنا معه كثيرًا (أحيانًا بقوة شديدة!) باعتباري شخصًا لم يكن من السهل تخويفه، لم أرغب في الانتظار بعد الانتهاء من مقالتي لتحرير أو تغيير أي شيء أيضًا - وبدلاً من ذلك كنت متهورة في اتخاذ القرارات وأردت نشر عملي فورًا بعد نشر العمل الأول. انتهى - وهو أمر جعله ديتر جورشيك ممكنًا بفضل صبره بينما كان غير مقبول في بعض الأحيان (على الرغم من ذلك). متحديًا كما هو الحال دائمًا، عندما يحين وقت تعديل أو تغيير أي شيء على الإطلاق (حتى لو كان له تأثير مؤثر كبير في تحسين الأعمال اللاحقة التي ناقشناها خلال مجموعة العمل.) علمنا ديتر جورشيك أشياء لا تقدر بثمن في هذه الأمور! (على الرغم من أننا اختلفنا في كثير من الأحيان!) على الرغم من عناد نفسي أحيانًا وعنادها للتعديل بعد ذلك! ولكن بعد الانتهاء منه، تم نشره على الفور دون الحاجة إلى إجراء أي تغييرات بعد كتابة شيء جديد بهذه السرعة بعد البدء في شيء ما بهذه السرعة؛ وهذا .(...يعني القراءة مرة أخرى قبل البدء في عملية التحرير بالطبع (لا يهم

نظرًا لورود استفسارات من مجموعات مختلفة بالفعل، فماذا علي أن أفعل؟ بحثت عن ناشر آخر وسجلت مقالتي هناك؛ على الرغم من أنه تم تعديلها قليلاً لهم أيضًا. وبمجرد القيام بذلك، زادت ثقتي بسرعة. مما دفعني لبدء القطعة التالية على الفور؛ مما دفعني في النهاية إلى كتابة المزيد والمزيد منها! فجأة، أصبحت كاتبًا غزير الإنتاج للغاية - نعم - يعتقد بعض المحررين خلاف ذلك ولكن ليس بالنسبة لي؛ لا يحتاج عملي إلى إمراجعة مكثفة عندما تنتج المزيد من العمل! أعتقد خلاف ذلك

حسنًا، كل شيء حدث في عام 1990 والآن قمت للتو بأداء مسرحيتي الثامنة والأربعين متعددة الفصول تحت .هذا العنوان: "أربعة أيادي لضرع واحد". - كما هو نصها

...الوقت يفلت

الفصل الثاني: المتطلبات

لكن اسمحوا لي أولاً أن أهتم بالسؤال عن سبب رغبتك في كتابة مسرحية. بغض النظر عن أي حديث عن النجاح في هذه المرحلة ـ فنحن لا نعرف بعضنا البعض ولا شيء عن خلفيتك يوحي بأنه سيكون مناسبًا كمؤلف ـ لا داعي للذعر؛ الكتابة لا تتطلب درجة الدكتوراه أو تدريبًا محددًا أو دبلومًا، وهو ما لم أمتلكه بنفسي بالتأكيد (لذلك يبدأ كلانا من المربع الأول!). إذن من الذي تحاول أن تكونه؟

وفيما يلي بعض الأمثلة على ذلك:

هل أنت ذكر في أوائل الأربعينيات من عمره، وتعمل وكيل عقارات، ومتزوج ولديك ثلاثة أطفال، وتلعب فريق كرة قدم للرجال في وقت فراغك، وقد أقنعتك زوجتك مؤخرًا بالانضمام إلى فرقة مسرحية للهواة شاركت فيها منذ فترة؟ سنوات، والتي تستمتع بها حقًا والتي تثيرك الآن وتثيرك كثيرًا لدرجة أن كتابة المسرحيات أصبحت شيئًا تريد تجربته بنفسك؟ ـ حسنا إذا

تخيل هذا: أنت امرأة عازبة في أواخر الخمسينيات من عمرها أو أوائل سنوات التقاعد وتشعر ببعض الملل في المنزل ولكنها تستمتع بالذهاب إلى العروض المسرحية من حين لآخر وتفكر: بالتأكيد أستطيع أن أفعل ما كتبه هذا المؤلف؟ ـ قبلت

إن أوائل العشرينات من عمرك مليئة بعدم اليقين بشأن المسار الوظيفي الذي يجب أن تسلكه. هل أنت قارئ متعطش ولديك نقاط قوة في اللغة الألمانية وكتابة المقالات من المدرسة؟ ـ ممتاز. هل أنت متحمس للمسرح؟ ـ رائع.

هل أي من الأمثلة لها صدى معك؟ بغض النظر عن عمرك أو نوع تدريبك أو سبب رغبتك في الكتابة، فالأمر الأساسي هو أن كتابتك تأتي من الداخل ـ سواء كان ذلك يتعلق بالمسرح وموضوعه. وقبل كل شيء: يجب عليك تخصيص ما يكفي من الوقت لهذا العمل ككاتب مسرحي ـ لقد بدأت كوظيفة بدوام جزئي وأواصل إهذه الممارسة اليوم ـ هذا النهج جيد تمامًا، فقط تأكد من الاستفادة من كل ساعة استيقاظ متاحة للكتابة في جوهرها، يجب أن تكون الكتابة ممتعة بالنسبة لك ـ فالقراءة أفضل ـ كما هو الحال مع الذهاب إلى المسرح. من خلال تواجدك على خشبة المسرح من قبل ـ حتى على مسرح الهواة ـ وأداء بعض الأدوار بنفسك ـ فأنت مستعد بشكل أفضل لتصبح مؤلفًا بنفسك ـ وهو ما فعلته بنفسي عندما بدأت هذا المسعى رغم أنني لا أعرف دوافعك لرغبتك في الكتابة، فمن الممكن أن تكون مسرحية قد أزعجتك وترغبين في تغييرها؟ ربما شاهدت عرضًا، ربما على مسرح معروف، حيث فشل في الترفيه؟ أو هل لاحظ أفراد الجمهور في مجموعتك المسرحية إنتاجات أفضل من السنوات السابقة؛ أو حتى أنك كنت غير راض عن القطعة العامة ـ وعن دورك. إذن أنت تريِد تحسينه؟ ولم لا؟

هل تكتب مسرحية لأنها ستكون ممتعة وستجلب لك دخلاً إضافيًا كجزء من وظيفتك بدوام كامل؟ ـ وهذا عظيم أيضا. مهما كان الدافع ـ كل ما يهم حقًا هو أنه يلبي حاجة عميقة بداخلك لكتابة شيء درامي! الشيء الرئيسي هو ببساطة القيام بما هو منطقي بالنسبة لك ـ بغض النظر عن الدوافع وراء ذلك.

هل ما زلت هناك وهل أنت مستعد؟ (نعم.). ومع ذلك، دعونا نواصل. يعتقد الكثيرون أن الكتابة أمر موروث؛ الأشخاص الذين يتمتعون بقدرات كتابية لا يتعلمونها من خلال الدراسات الأكاديمية وحدها ـ لا بد أن يكون هناك شيء وراثي في موهبتهم يأتي من خلالهم؛ شخص ما يحتاج إلى ميل لشيء كهذا بداخله." [هؤلاء الأشخاص] يميلون إلى التفكير، "أوه، إذا كان شخص ما يستطيع الكتابة، فلا بد أن يكون قد جاء من مكان ما في أعماق نفسه ـ لا يمكنك تعلم ذلك إلا إذا كانت هناك موهبة هناك بالفعل]. لكن هذا لا يجب أن يكون صحيحا؛ يمكن للجميع تعلمها إذا حصلوا على الدعم الكافي. [يعتقد هؤلاء الأشخاص في كثير من الأحيان] [...] ولكن التعلم ممكن!" ويميل الناس إلى التفكير

في سن العاشرة في الصف الخامس، كانت والدتي غالبًا ما تكتب مقالاتي للمدرسة التي كنت أواجه صعوبة فيها ـ المقالات المعتادة مثل: "أجمل تجربة في عطلتي" أو "العاصفة الرعدية"، وفقًا لما يمليه المعلمون. كان هذا النوع من المقالات السردية صعبًا بالنسبة لي؛ وقد برعت والدتي في هذا؛ في 20 دقيقة، أكملت مقالات جميلة بالنسبة لي والتي حصلت باستمرار على درجات جيدة في المدرسة ـ شكرًا لك يا أمي! لسوء الحظ، لم يظهر اهتمامي بالكتابة إلا لاحقًا عندما كنت في الخامسة والعشرين من عمري

لا يوجد قانون يحدد متطلبات محددة لكي تصبح كاتبًا مسرحيًا. طالما أنك تستوفي بعض أو كل المعايير التالية، فإن مسيرتك المهنية ككاتب مسرحي يجب أن تسير بسلاسة:

هل أنت شخص يستمتع بالتواصل الاجتماعي، سواء بالتحدث مع الآخرين أو الاستماع؟

هل تحب البقاء على اطلاع على الأحداث العالمية والمحلية، وقراءة الصحف والروايات على حد سواء، وحضور المسرح والسينما والأوبرا والحفلات الموسيقية وكذلك الأحداث الثقافية مثل المحاضرات؟ هل أنت من الأشخاص الذين يستمتعون بمشاهدة الأفلام على التلفاز، بالإضافة إلى البرامج الحوارية والتقارير والمسلسلات المتنوعة بين الحين والآخر؟ هل يمكنك التنبؤ في منتصف الطريق كيف سينتهي الفيلم؟

هل يمكنك الإجابة بنعم على أي من هذه النقاط أو جميعها؟ حسنا إذن ماذا ننتظر؟

الفصل الثالث ـ الأدوات ومساحة الكتابة

بالطبع، يمكنك شراء لوحة وقلم رصاص والبدء في الكتابة، ولكن لن يقبل أي ناشر اليوم مخطوطة مكتوبة بخط اليد كمواد مقدمة. ربما لم تعد الكتابة ممكنة في عصرنا الحديث بدون أجهزة الكمبيوتر ووسائط التخزين في مشاريع الكتابة المسرحية التي "Word" أنصح بشدة باستخدام Word. وبرامج معالجة النصوص مثل ؛ غالبًا ما يعتمد الناشرون عليه أيضًا. للحصول Microsoft سيتم نشرها. برنامج التقاط النص وتحريره من على الأداء الأمثل، يقدم تجار التجزئة المتخصصون أحدث إصدار. على الرغم من أن تكلفة شراء هذا البرنامج تبلغ حوالي 100 يورو، إلا أن فوائده لا تتوقف بمجرد إدخال النص على الكمبيوتر؛ ويستفيد مستخدمو الكمبيوتر المحمول أيضًا. لقد منحتني سنوات من العمل حصريًا على أجهزة الكمبيوتر المحمولة ميزة المرونة؛ يمكنني اصطحابهم معي في أي مكان واستخدام الجهاز عند الضرورة. أصبح كل من الأجهزة جاهزين الآن وينتظران التقاط أي أفكار قد تنشأ. إذا كانت هذه (Word) (الكمبيوتر المحمول) والبرامج العملية سريعة جدًا بالنسبة لك وتفضل العمل بدون أجهزة كمبيوتر، وإذا كان هذا النهج يبدو سريعًا جدًا، فقد يكون البدء باستخدام اللوحة والقلم الرصاص مفيدًا أيضًا؛ من الآن فصاعدًا، يمكنك دائمًا حمل كتيب صغير وقلم لتدوين الملاحظات حسب الضرورة؛ ولكن عملك النهائي يجب أن يذهب إلى جهاز الكمبيوتر؛ لذلك سيكون من الحكمة أن تعتاد على استخدام واحدة من اليوم الأول.

ابدأ بإيجاد المساحة المثالية للكتابة. يصر بعض المؤلفين على أنها يجب أن تكون غرفة فارغة مع مكتبك في إمكانه ـ ما عليك سوى إغلاق الباب خلفك، ووضع كل شيء من حولك جانبًا والبدء في الكتابة بتركيز كامل حسنًا، إذا كانت هذه هي الطريقة التي يكتب بها بعض المؤلفين، فلا حرج في ذلك؛ لكن القول بأن الكتابة لا يمكن أن تحدث إلا بهذه الطريقة هو محض هراء. ابحث عن مساحة تتحدث إليك، ولا تسمح لأي شخص آخر بإملاء مكانها أو كيف يجب أن تبدو. أعتقد أن وجود الكثير من الإضاءة والأجواء الجذابة أمر ضروري بشكل خاص. لدي بالتأكيد مكتب به مكتب. ومع ذلك، فأنا أستمتع أيضًا بالكتابة في غرفة المعيشة الخاصة بي بينما كنت مستلقيًا على الأريكة والدفتر مستندًا إلى فخذي وأنتظر الإلهام. ولا حاجة للصمت المطلق أيضًا؛ الموسيقى الجميلة تساعدني على التركيز! إن أسلوب كتابة كريس دي بيرغ هو أسلوب أقدره بشكل خاص للكتابة في الخارج في الطقس اللطيف ـ فأنا أستمتع بالجلوس في الخارج على الشرفة أو مقعد الحديقة والكتابة أثناء القيام برحلات طويلة بالقطار أيضًا! حتى في الرحلات الجوية أكتب في كثير من الأحيان. حتى أن هناك مؤلفين يستمتعون بالجلوس في المقاهي مع دفاتر ملاحظاتهم والكتابة أمام الآخرين؛ إذا كان هذا النهج يناسبك ـ استكشفه! كل شيء ممكن.

فيما يتعلق بالكتابة، فإن الموقع متروك لك تمامًا؛ ابحث عن مكان مريح تشعر فيه بقدر أكبر من الاسترخاء ولكن تأكد من عدم مقاطعة الأشخاص الآخرين أو إزعاجهم كثيرًا؛ هذا يجب أن يمكّنك من التركيز. إذا كان لديك عائلة، فما عليك سوى إخبارهم مسبقًا برغبتك في الحصول على وقت متواصل للكتابة. الوقت من اليوم للكتابة
بمجرد أن تشعر بالاستعداد والحافز للكتابة، قم بالغطس! عندما تسوء حالتك المزاجية أو تشعر بالإحباط ـ ربما بسبب وفاة شخص مهم ـ لا تكتب. انتظر يومًا أو يومين حتى تتحسن معنوياتك قبل البدء في الكتابة مرة أخرى. إذا أزعجك شيء ما بشدة ـ مثل فقدان أحد أصدقائك المقربين ـ فإن الكتابة غالبًا ما تجلب لك الراحة

إذا توفي أحد أفراد أسرتك أو كنت تعاني من شيء أكثر أهمية يزعجك، فمن المحتمل أن تكون الكتابة مستحيلة ـ وقد تستغرق هذه العملية أسابيع أو أشهر! لا تهتم حتى بالمحاولة

لا تجبر نفسك على الكتابة فقط من أجل تشتيت انتباهك عن أي مزاج سيئ، فهذا لا يجدي نفعاً. ناهيك عن التفكير في الأمر كخيار من هذا القبيل!

لا توجد قواعد محددة بشأن المدة التي يجب أن يكتبها الكتّاب، ولكن ساعة أو ساعتين في المرة الواحدة (أي ما يقرب من 1000 كلمة) يجب أن تكون كافية للعمل الإنتاجي. تجنب الكتابة مرة واحدة فقط كل شهر لأنه سيصبح من الصعب جدًا العثور على موضوعك مرة أخرى ـ بدلاً من ذلك، عش عملك. فكر في مقالتك وناقشها مع الآخرين عندما لا تكتب؛ غالبًا ما تنشأ بعض الأفكار لمزيد من التطوير حتى بدون كتابة أي شيء! كن على دراية بما تم كتابته بالفعل حتى الآن وتوقع ما قد يحدث بعد ذلك (مشهد، فعل). لا تتردد في أخذ فترات راحة ـ حتى لعدة أيام ـ عندما يناسبك ذلك! مرحبًا بك حتى عند أخذ فترات راحة ـ لا تتردد حتى لأيام متتالية!

أخبرني مؤلفو المسرحيات ذات مرة أن الأمر يستغرق عامين لكتابة مسرحية ـ عادةً ما يكتبون 20 صفحة قبل وضعها جانبًا لمدة ثلاثة أشهر ثم يعودون بعد ثلاثة أشهر لمواصلة العمل عليها. عندما يتم الانتهاء أخيرًا من نسختها الأولية بعد مرور عدة أشهر، يقومون بإعادة صياغتها مرة أخرى.

تخيل دهشتي عندما علمت بهذا الخبر؛ مثل هذا الترتيب لن يخطر ببالي أبدًا! ومع ذلك، إذا ظلت الكتابة شغفنا المشترك، فننسى هذا الأمر مع مرور الحياة بسرعة.

هل ناقشنا كل شيء حتى الآن إذن؟ رائع. ـ فلنبدأ العمل الآن بعد أن أصبح كل شيء جاهزًا؟ هل جهاز الكمبيوتر أو الكمبيوتر المحمول الخاص بك مجهز، أو على الأقل لوحة وقلم، بالإضافة إلى مساحة عمل مثالية جاهزة؟ الآن هو الوقت والمكان المناسب لنا جميعا. دعنا نذهب لذلك ـ هذا يجب أن يفعل ذلك في الوقت الحالي.

اكتملت الاستعدادات، والآن حان الوقت للتركيز على القضية الرئيسية ـ مسرحيتك في المرحلة الأولى!

الفصل الرابع: الفكرة والفعل

تبدأ لعبتك بفكرتها الأساسية. عادة يمكن وصف ذلك في جملة واحدة طويلة تطرح أسئلة بدلاً من البيانات؛ من هنا تتشكل الشخصيات والحبكة بشكل عضوي ـ على سبيل المثال:

تخيل هذا: إذا قام طبيب أمراض النساء بتشخيص امرأة تبلغ من العمر 45 عامًا على أنها حامل، ولكن في" نفس اليوم حضرت ابنتها بنفس الاسم الأخير لجمع عينات الدم وحدث خطأ ما، فماذا ستكون النتيجة؟" ((وصفة النجاح))

كيف سيكون رد فعل إحدى أغنى العائلات في ألمانيا عندما تشير التقارير الإخبارية إلى أن مذنبًا سيضرب الأرض في غضون أسابيع وربما ينهي كل أشكال الحياة على الأرض؟ *(أهرامات الزمن) مسرحية موسيقية قيد التطوير حالياً

ماذا سيحدث إذا بدأ رجلان عاطلان عن العمل في تقديم خدمة مرافقة للنساء؟" وعائلة تنتقل للعيش"* ((هايدويغ رقم 11))

يقوم أحد الكيميائيين الهاوي بصنع مصل يهدف إلى القضاء على كل أثر لرائحة العرق، وسيقوم بإجراء الاختبارات على الأشخاص الخاضعين للاختبار طوعًا." *(البروفيسور المجنون).

عناوين أعمالي المستوحاة من هذه الأفكار الأساسية. ليس هل فهمت ذلك؟ عادة ما تكفي جملة واحدة فقط* للحصول على فكرة؛ كتابة واحدة يمكن أن تساعد حتى. يمكن للأفكار أن تأتي إلينا في أي مكان وفي أي وقت؛ على سبيل المثال، في عام 1991، عندما تزوج رينات وستيفان بروميلهاوب في منشأة العمل لدينا، أخبراني عن جميع الاستعدادات المكثفة لحفل الزفاف قبل أشهر ـ حضرت حفل زفافهما كمراقب جالس في الكنيسة وأشاهد.

هل تعرف الإجابة على هذا السؤال؟ في المسرحية، كل ما يمكن أن يحدث بشكل خاطئ أثناء الاستعدادات للحفل الزفاف والحفل الفعلي يحدث! وهذا يصنع كوميديا رائعة يحبها الجمهور! أعتقد أن هذا جزء من سبب تكرار أداء هذه القطعة؛ شهد معظم الجمهور حفل زفاف واحد على الأقل في عائلتهم؛ أو خاصة بهم، قبل مشاهدة هذه المسرحية. إن جعل أجمل يوم لك (أحيانًا لا!!) لا يُنسى يتطلب إعدادًا شاملاً ـ حتى في هذه الحالة قد تسوء الأمور، مما يؤدي إلى دراما أكبر عند مشاهدتها على المسرح! ولأن لا أحد يرغب في تجربتها بشكل مباشر، فإن الجمهور يقدّر رؤية مثل هذه الصور تظهر أمامهم على خشبة المسرح!

اسمحوا لي أن أقدم مثالاً آخر لكيفية عمل الدراماتورجيا. إذا كانت كتابتك تفتقر إلى اللحظات التي تصبح مثيرة للاهتمام أو مثيرة للتشويق بعد عدة صفحات، فإن مقطوعتك لا تعتبر درامية ـ فالمسرحية لا يمكن أن تعمل بدون صراع وتوتر!

إبناء التفاهة! هذه طريقة ممتازة لتعلم الدراما. هذه العملية المكونة من مرحلتين تعمل بشكل مثالي! انتبه سيدة شابة في معرض تنظر إلى عجلة فيريس فارغة تدور حولها ببطء.

هل تجد هذا الموضوع ودراماته مثيرة للاهتمام ومثيرة للاهتمام؟ ربما لا؛ ففي هذه الحالة ما هي الأسئلة التي تتبادر إلى ذهنك بمجرد أن تتخيل هذا المشهد؟

هل يمكن لأي شخص أن يشرح سبب تواجد المرأة في هذه الصورة بمفردها في المعرض؟ هل يفكرون في ركوب عجلة فيريس والاستمتاع بركوبها؟ لقد وصلت أسئلتي إلى نهايتها تقريبًا... ولا أريد حتى أن أعرف

المزيد، نظرًا لأن النظر إلى عجلة فيريس فارغة في المعرض قد يكون مملًا للغاية ـ أو هل يحتاجون إلى أي إجابات؟!؟!؟

والآن دعونا نوسع هذه الجملة:
سيدة شابة في أحد المعارض تشاهد عجلة فيريس كاملة ودوارة عندما يسقط شخص فجأة على بعد 30 مترًا من أحد الجندول! رائع! الآن هذا أمر درامي!
وبعد ذلك تأتي الأسئلة: لماذا سقط ذلك الشخص من الجندول؟ هل كان حادثا أم جريمة قتل؟ من كان في هذا الجندول، بما في ذلك الشابة التي تجلس معها.... هل تريد مثالًا آخر للمساعدة في التعرف على اللحظات الدرامية؟ ـ نعم من فضلك!

"الأزواج الشباب السعداء يريدون الزواج. كلاهما يريد أن يفعل ذلك "بشكل عذري".
حسنًا، قد يبدو هذا غير تقليدي هذه الأيام ـ ولكن القرار متروك لكل فرد. ما هي الاستفسارات أو الاستفسارات التي تنشأ من هذه الجملة؟ ربما الأول: لماذا يرغب كلا الشخصين في التأخير حتى حفل زفافهما؟ ونوسع هذا الفكر:
قبل وقت قصير من موعد زفافهما، قرر زوجان شابان غير سعيدين الزواج دون معرفة أنهما حامل ـ فقط ليتبين بعد ذلك بوقت قصير أن الشابة حامل! وغني عن القول أن هناك الآن أسئلة أكثر من الإجابات لجميع المشاركين.

من فضلك حاول إنشاء الدراما أو نقطة مثيرة من خلال جمل مثل هذه ـ إنها تعمل حقًا! بالإضافة إلى ذلك، قد تشق أفكارك طريقها إلى مقالتك! هل لديك بالفعل فكرة عما يجب أن تكون عليه قطعتك الأولى؟
من المفترض أن يساعدك هذا المبدأ في تحديد ما إذا كنت تريد كتابة فيلم كوميدي أو رواية جريمة أو مسرحية أو موسيقية. ضع في اعتبارك أيضًا ما إذا كنت ترغب في الاختيار بين الكتابة التخطيطية والمسرحيات ذات الفصل الواحد والمسرحيات المتعددة واللغة (اللغات) التي تريد الكتابة بها أم لا.

في ذلك الوقت، بدأت على الفور بمسرحية متعددة الفصول، وركزت فقط على الأعمال الكوميدية منذ ذلك الحين. ولأغراض هذا الكتاب، سنناقش الأفلام الكوميدية الكاملة. نظرًا لأن اللغة الألمانية القياسية هي اللغة المفضلة لدي (على الرغم من أن اللغة الألمانية المنخفضة قد تعمل إذا تمت ترجمتها أو تم تطبيقها على اللغة الألمانية العليا من خلال نشر مقالتك، عادةً ما يحصل الناشر أيضًا على حقوق ترجمة مسرحيتك أو روايتك إلى لهجات أخرى مثل الهولندية أو الألمانية السويسرية أو آخر). نظرًا لأن الألمانية المنخفضة قد لا تكون شيئًا يمكن لجميع الناس التحدث به بطلاقة، فسنكتب مقالتنا باستخدام اللغة الألمانية القياسية بدلاً من ذلك ـ على الرغم من أن الألمانية المنخفضة قد تعمل إذا كانت كتابة المسودة الأولى مطلوبة باللغة الألمانية المنخفضة حيث يمكن ترجمة الألمانية المنخفضة إلى الألمانية العليا قبل ترجمتها مرة أخرى قبل ترجمتها مرة أخرى قبل كتابتها كلها باللغة الألمانية العليا بدلاً من ذلك إلا إذا قررنا كتابة مقالتنا

لا ينبغي أن تأتي فكرتك الأولية للمسرحية من أي مكان. لا ترتكب خطأ الكتابة عن شخص دخل السجن بتهمة التهرب الضريبي وإخبار أقاربه أنهم سينضمون إلى الجيش مرة أخرى، فقط لكي تغرق سفينتهم لاحقًا ـ ولا تكتب عن فرقة مسرحية تقدم مسرحيات مع بروفة وعرض أول مشاهد تدور أحداثها ضمن فصل واحد، مع نتائج فكاهية.

يعرف عشاق المسرح بالفعل هذه المفاهيم: زوجي يذهب إلى البحر" و"لا شيء سوى الفوضى". إذا كتبت شيئًا مشابهًا لهذه، فقد يسبب ذلك مشاكل مع المؤلفين الآخرين الذين يطالبون بحقوقهم؛ لذلك سيكون من الأفضل إنشاء فكرتك الخاصة. للحصول على قطعة موسيقية والعثور على جمهورك الخاص بها بدلاً من سرقة شيء موجود بالفعل، مع وجود الآلاف من المسرحيات المكتوبة بالفعل، هل لا يزال هذا ممكنًا اليوم؟ ما هو الموضوع أو الأفكار التي يمكن أن تثير شيئًا جديدًا في عام 2008 وما بعده؟

ما هي الفكرة التي لم يتم الاستفادة منها بشكل كامل بعد؟

لن يتهمك أحد بأنك مخطئ تمامًا إذا كنت تعتقد أن جميع الموضوعات الأساسية قد تم استكشافها بالفعل. وقد تشمل هذه الأمور الميراث، أو الفوز باليانصيب، أو ولادة طفل، أو البطالة أو الإفلاس، وغير ذلك الكثير. كل هذه العناصر موجودة بالفعل، ولكن مع التركيبة الصحيحة فقط، يظهر شيء جديد ـ قطعة لا تضاهى. وهذا هو بالضبط ما عليك تحقيقه.
كن متفتحًا واستخدم خيالك عند البحث عن الإلهام؛ حتى لو كانت حبكتك تأتي من مصدر آخر مثل فيلم أو رواية، فيجب أن تؤخذ كمصدر إلهام فقط ولا يتم نسخها مباشرة في شكل حوار للنشر على أنها مسرحيتك. انغمس في جانبك الإبداعي وحاول ابتكار شيء بنفسك.
الآن دعونا نتوصل إلى فكرة لقطعتك الأولى. ما رأيك في هذا: "امرأة تبلغ من العمر 70 عامًا لا تزال تدير متجرًا في الزاوية، يجب أن يقوم أطفالها بترحيلها إلى دار للمسنين". ما هي الارتباطات أو الأسئلة التي تتبادر إلى الذهن فورًا ردًا على ذلك؟ أغلق الكتاب أولاً وفكر بعمق في هذه العبارة قبل تدوين ما يتبادر إلى ذهنك، ثم اقرأ هذه الفكرة بشكل أعمق لترى ما إذا كانت هناك أية أسئلة مماثلة تخطر على ذهنك ـ وسرعان ما فكرت في خمسة من هذه الاستفسارات بنفسي:

لماذا يحاول الأبناء ترحيل أمهم؟

ماذا سيحدث للمتجر وماذا يخطط أطفاله للقيام به؟
كيف تتصرف الأم ـ الخطط التي تضعها مع الآخرين وما إلى ذلك؟
وأخيرًا كيف يتم دفع تكاليف دار رعاية المسنين؟

هل أفكاري تطابقت مع أفكارك؟ ـ هل وجدت الموضوع جذابا؟ أتمنى ذلك، فهذه الفكرة فكرتي، ولكن لم يتم كتابة مسرحية عنها من قبل أي مؤلف حتى الآن.
ليس هناك الكثير من الالتباس فيما يتعلق بما يشمله هذا الموضوع. من المؤكد أن هناك مسرحيات تدور حول دور رعاية المسنين وبيوت التقاعد كموضوع لها؛ تم عرض إحداها في مسرح Ohnsorg في هامبورغ بينما تبرزها الكلاسيكيات أيضًا بشكل بارز؛ ، "Atschuss mien Leeve"، الصيف الماضي فقط تحت عنوان ولكننا نقوم بإنشاء عملنا الخاص باستخدام دور رعاية المسنين كخلفية وليس كمسرح.
كخطوة أولى في تطوير قطعتنا، أول شيء يجب علينا فعله هو تحديد متى يجب أن يتم ذلك. لديك الحرية الكاملة هنا ـ اختر أي فترة زمنية من الآن وحتى السبعينيات (قد تجد مسارح الهواة هذا الأمر أكثر صعوبة)، على الرغم من أن الأزياء وتصميم المسرح واللغة والعملة كلها يجب أن تتطابق وفقًا لذلك إذا كنت تلعب مقطوعة مسرحية للهواة من هذه الفترة ـ مثل الأزياء وتصميم المسرح من تلك العقود ـ سيتطلب عناية إضافية عند الأداء. تميل مسارح الهواة إلى النضال مع هذا الأمر أكثر من المسارح الاحترافية عند تقديم القطعة نفسها ولكن البعض ما زال يفعل ذلك عن طريق تقديمها لمدة 20 إلى 30 عامًا ـ وهو أمر لن يحدث أبدًا في إنتاج مسرحي للهواة! لذلك اتفقنا على البدء من عام 2008 لعملنا المشترك، هل هذا مقبول بالنسبة لكم؟ لسوء الحظ، لا يمكنني تقديم أي شيء آخر نظرًا لأن معظم أعمالي تدور أحداثها في الفترة ما بين ذلك الوقت والآن، حيث أن أعمالي بشكل عام غير موجودة في تلك الحقبة أيضًا.
أعتقد أنه سيكون من الممكن تقديم هذا العمل مرة أخرى دون إجراء تعديلات كبيرة، بدءاً من عام 2008 بسبب بطء وتيرة التغيير في ألمانيا. وحتى بحلول عام 2015، ينبغي أن يظل هذا الأمر ذا صلة ومن الممكن

أن يحدث ـ فلا تصدقوا كلامي؛ فقط تأكد من أن ذلك يمكن أن يحدث كما هو مخطط له. العالم يتغير باستمرار. التكنولوجيا على وجه الخصوص هي قوة تطور مذهلة تثير قلقي أحيانًا؛ إذا اشتريت هاتفًا خلويًا اليوم، فمن المحتمل أن يصبح قديمًا بحلول الغد، إن لم يكن قبل ذلك! ومع ذلك، فمن الشائع في حالة المسرحيات أن نتوقع أن تظل قابلة للتشغيل لمدة تتراوح بين 10 إلى 20 عامًا دون تعديل ـ وهو ما لاحظته في الأعمال التي كتبتها قبل 10 سنوات والتي ظلت دون تغيير تقريبًا على الرغم من تحول عملتنا من المارك الألماني (DM) لبعض الوقت. وبالتالي يمكن أن يستمر الجمهور في الاستماع بمقطعك لبعض الوقت الألماني (DM) من تعرف؛ ربما في غضون 50 عامًا سيصبح هذا الفيلم كلاسيكيًا خالدًا!

الفصل الخامس: تصميم المسرح

يجب علينا الآن أن نتناول تصميم المسرح. على مر السنين، التقيت بالعديد من فرق مسرح الهواة الذين بذلوا جهدًا كبيرًا في تصميماتهم المسرحية. حتى أن البعض ينظر إليها على أنها فرصة لإظهار شيء مميز للجمهور. لكن مجموعات قليلة تختار طوعًا مجموعات مسرحية معقدة. علاوة على ذلك، يتجنب العديد من الأشخاص عرض مجموعات مسرحية متعددة؛ بل إن هذا الأمر مستحيل بالنسبة لبعض المجموعات؛ ربما في مرحلة ما عند كتابة المسرحيات، سيكون من الضروري إظهار كل الأحداث باستخدام مجموعة واحدة فقط. لقد اختبرت ذلك بنفسي ووجدته غير ضار تمامًا؛ بعض مسارح الهواة تفعل هذا بشكل جيد بالفعل. على الرغم من أن الفرق المحترفة قد تستخدم المراحل الدوارة بدون مشكلة، إلا أن تركيزنا يجب أن يظل مراحل الهواة؛ أي مسرح للهواة لديه واحد بالفعل؟ إذا كنت تريد قراءة مقالتك على نطاق واسع وتنفيذها كثيرًا، فتجنب المجموعات المعقدة التي تحتوي على مكونات متعددة. تتمتع المجموعات المسرحية بالمرونة اللازمة لتغيير مجموعات المسرح بسرعة، بينما قد تؤدي الصور المختلفة تمامًا إلى تأخيرها ـ حتى لو كانت أعمالك موضع تقدير من قبل المجموعات المسرحية.

ربما تتساءل الآن عن نوع المسرح الذي سيتم استخدامه. خياراتك لإنشاء هذا واسعة ـ الجنة أو الجحيم نقطتان جيدتان للبدء؛ لطلب الخيار الأخير ووصف إعداد المرحلة هذا وفقًا لذلك. فكر في اختيار مواقع مثل المطاعم أو المخابز أو الحدائق أو الكنائس أو المعسكرات أو المدرجات كإعدادات ممكنة؛ وبدلاً من ذلك، تعد غرف الانتظار وبيوت الدعارة والنوادي وغرف المستشفيات ومواقع البناء من الخيارات المناسبة أيضًا... يمكن للممرات أن توفر إعدادات ممتازة. كما نعلم جميعًا من الأفلام الكلاسيكية مثل The Furnished" و"Gossip in the Stairwell عند كتابة قصتك والرغبة في أن تدور أحداث ،"Gentleman شخصياتك في مكان محدد ـ مثل الفضاء أو القمر ـ فإن أي مجموعة ستفي بالغرض. تذكر أن جميع الممثلين يجب أن يكونوا مرئيين ضمن هذه المجموعة المسرحية!
نظرًا لأن هذا هو المكان الذي تتجمع فيه معظم الشخصيات، عادةً ما يختار المؤلفون غرف المعيشة أو غرف المعيشة في المطبخ كإعدادات مسرحية لقصصهم. وهذا أمر منطقي لأن غرف المعيشة وغرف المعيشة والمطبخ هي النقاط المحورية في الشقق؛ مما يجعل استخدامها كمرحلة طبيعية وواقعية. قد تبدو المراحيض في منازل الأسرة الواحدة غير مناسبة كإعدادات للمسرح؛ فلا عجب أنه لم يتم القبض عليه أكثر من ذلك! ـ ومع ذلك، لا شيء يقف ضد استخدام المراحيض الكبيرة ذات المقصورات والمغاسل المتعددة (مثل حمامات الفنادق أو المطاعم) كمجموعات مسرحية؛ لم أر واحدة من قبل ولكن إذا كان هذا سيزعجك، فيرجى عدم التردد ـ لا أمانع على الإطلاق إذا كان ذلك سيزعجك، فيرجى إبلاغي بذلك!

هل أنت مفتون بتصاميم المسرح المختلفة؟ ـ هل أنت مهتم بتصميم مسرحي استثنائي، أو حتى مختلف لكل فصل من أعمالك؟ حسنًا. لذلك ربما بيت دعارة للفصل الأول من عملك، ثم القانون الثاني لموقع البناء والفضاء الثالث... أنصح بعدم القيام بذلك ولكني أشجع على التجربة لأن هذا سيتطلب بناة مسرح محترفين يمكنهم تحقيق ما تتطلبه ـ وهو شيء أقل قدرة على مجموعات الهواة مقارنة بالبناة المحترفين ـ حيث يحتوي كل عمل على ثلاث مجموعات فريدة تتطلب أطقم بناء منفصلة ـ ومن ثم ما الذي سيبرزك؟ ـ ومن المحتمل جدًا أن تخرج نتائج منها... فما الذي يمكن أن تحصل عليه مجموعات الهواة من تصميمات المسرح المتعددة أكثر من تجربة شيء كهذا...؟ ـ الهواة يخجلون من المجموعات المعقدة مثل هذه!

الآن نحن بحاجة إلى الاتفاق على تصميم المسرح لعملك الأول، ولكن ما الذي يجب أن نختاره؟ أحد الخيارات هو أن نركز على المرأة وأطفالها وهذا المتجر الصغير كموقع لنا. نظرًا لأنها ستلعب على الأرجح أحد الأدوار الرئيسية، فمن الأفضل أن يتم هذا الإعداد في المكان الذي تقضي فيه هذه الشخص وقتها غالبًا، مثل المكان الذي قد يتم إعداد متجرك فيه حيث يمكن أن يكون هذا بمثابة مجموعة المسرح المثالية ـ ومع ذلك، يرجى الاحتفاظ بالعوامل التالية في العقل قبل القيام بذلك:

يتطلب عرض متجر مفروش بالكامل عملاً كبيرًا للمجموعات؛ من المحتمل أن يكون هناك حاجة إلى الطعام والدعائم. إذا احتاجت المرأة إلى دخول دار المسنين (لا نعرف حتى الآن ما إذا كان أطفالها قادرين على ذلك أم لا)، فماذا سيحدث للمتجر بعد ذلك. اعتمادًا على التطورات، من المحتمل أن يتم فتحه مرة أخرى كمشروع آخر.

يستغرق تصميم المسرح وقتًا وجهدًا، لذا أقترح وضع هذه القطعة في غرفة المعيشة والمطبخ الخاصة بهذه المرأة، مع وجود ممر غير مباشر يؤدي إلى متجر في الخلفية. يبدو هذا جميلًا حقًا ويسمح للمشاهدين بتخيله على الرغم من أنهم لن يرونه مباشرة. نأسف لعودتنا إلى تناول الطعام في المطابخ؛ ولكن هذا الحل يبدو مثاليا هنا. هل توافق؟ ممتاز

في بداية أي مسرحية، يجب على مؤلفها أن يصف تصميمها المسرحي. لا يجب عليك فقط أن تضع في اعتبارك تصميم المسرح ولكن أيضًا الغرف غير المرئية للجمهور ولكنها لا تزال مهمة لما يحدث؛ على الرغم من أنك لا تحتاج إلى وصف هذه. يحتاج كل إعداد مسرحي إلى مدخل ومخرج ـ في هذه الحالة باب. يعتمد مكان وضعها على قطعتك ـ إذا لم يكن الأمر مهمًا، فما عليك سوى كتابة ذلك في الوصف. تخيل تصميم المسرح الخاص بنا بحيث يتم وضع الممر الكبير المؤدي إلى المتجر في الخلف ـ مقابل جداره الخلفي ـ بحيث يكون بعيدًا عن أي عوامل تشتيت محتملة من الخارج. على يمينه باب يؤدي إلى الخارج مباشرة. بينما على اليسار توجد غرفة أخرى تؤدي إلى غرف أخرى (المطبخ وغرفة النوم والحمام) نظرًا لأن بطل الرواية لن يكون موجودًا دائمًا في المتجر أو المطبخ أو خارج المنزل؛ وبالتالي فإن الباب الأيسر منطقي تمامًا كمدخل إلى أجزاء أخرى من منزل بطل الرواية. لذا، إذا كان لدينا الآن ثلاثة أبواب (أو بابين وممر)، فمن الضروري تحديد ما إذا كانت النافذة لا تزال مطلوبة أو مرغوبة. تضيف النافذة دائمًا اهتمامًا بصريًا؛ ولكن إذا كان الغرض من قطعتك ليس له أي أهمية (لا يحتاج أحد إلى النظر إلى الداخل أو الخارج، ولا داعي للهروب من النافذة وما إلى ذلك)، فما عليك سوى الاستغناء عنه أو تركه للتصميم المسرحي.

بناءً على حجمك وإمكانياتك، يمكن التعامل مع تصميم المسرح داخل الشركة بنفسك. إذا أدت عملية الكتابة أو الإبداع إلى ظهور فكرة لشيء مرح مع النوافذ أو إطاراتها والتي تعد أيضًا جزءًا لا يتجزأ من تصميم المسرح، فهذا ضروري؛ لكن لا تجبر مصممي الديكور في شركة المسرح على تقديم تفاصيل لا تساهم بأي شيء جوهري أو ضروري للمسرحية؛ ببساطة لأنه يجعل الكتابة أكثر إبداعًا فكر في هذه الفكرة في رأسك. اقتراحي لا يتطلب النوافذ. يكفي وجود بابين (يمينًا ويسارًا) مع ممر يؤدي إلى المتجر.

والآن بعد أن عرفنا أن أهدافنا أصبحت واضحة، فلنجهز الغرفة. يرجى تقديم أكبر قدر ممكن من التفاصيل مع ترك مساحة كافية للمناورة للمجموعات لإنشاء أعمالهم الفنية الخاصة؛ وحاول عدم تضمين تفاصيل غير ضرورية للقطعة. باعتبارك مخرج ألعاب ومنشئ مسرح، إذا وصفت أريكة رمادية اللون بأنها بارزة في الغرفة، فأنا أرغب في معرفة سبب أهمية هذا اللون المعين كثيرًا لقطعتك. لذا، اترك شيئًا كهذا جانبًا فقط لأن

هذا هو تصورك له، على الرغم من أنه ليس له أي صلة على الإطلاق. بمجرد نشر مسرحيتك وتنفيذها، فمن المؤكد أنك ستشهد العديد من إنتاجاتها ـ ويختلف كل إنتاج بشكل كبير في عناصر تصميم المسرح أيضًا. قبل تقديم الطلبات، تأكد من مراعاة المكونات التي تدعم وتقوي قطعتك كجزء من احتياجات تصميم المسرح. يجب أن يتطابق الأثاث مع كل شخصية. نظرًا لأننا قررنا اختيار سيدة أكبر سنًا في مسرحيتنا (دعنا نسميها السيدة X في الوقت الحالي)، أفترض أنها ستكون واحدة من الشخصيات المحبوبة داخل المسرحية. في السبعين من عمرها، ربما لا تكون في وضع مالي جيد ـ ولكنها قد لا تزال ترغب في إدارة متجر الزاوية كمصدر للمتعة. ولكن إذا كانت محبوبة جدًا في مكان عملها، فمن المؤكد أن إدارة أموالها ستتم إدارتها بشكل أفضل ـ وهو أمر يؤثر أيضًا على تصميم المسرح لدينا ـ والذي يمكن بالتأكيد أن يغير مظهره بشكل مختلف في غرفة معيشة ؟ ـ أرى الآن غرفة معيشة ومطبخ نظيفة ومريحةX شخص ثري غير متعاطف مقارنة بغرفة معيشة السيدة يأخذون كل X لا تشير إلى الثروة أو الفقر. هل أنت بنفس الطريقة؟ ومع ذلك، إذا تخيلنا أن أطفال الملكة أرباحها، مما يجبرها على إدارة المتجر حتى في سن الشيخوخة على الرغم من الضغوط المالية ـ فإن الوضع يتغير تمامًا ومن المؤكد أن تصميم المسرح يمكن أن يصبح متناثرًا. منذ افتتاح المسرح، يصبح فقر سيدتنا واضحًا من خلال تصميم المسرح ـ دون الحاجة إلى أي حوار ـ والإدلاء ببيان فوري دون الحاجة إلى حوار من أي من ممثلينا. لسوء الحظ، يتحول هذا إلى دراما أكثر لأن الموضوع يبدو جديًا ودراميًا للغاية... اعتقدت أننا اتفقنا على الكوميديا ـ وهذا الخيار الثاني لتصميم المسرح لم يكن تمامًا ما اتفقنا عليه ـ أتمنى أن تشعر بالمثل.

تخيل هذه الغرفة مفروشة ووصفها في قطعتك. تحتوي غرف المعيشة في المطبخ عادة على مقاعد، مثل مقعد زاوية أو مجرد طاولة وكراسي. نظرًا لأن سيدتنا تبلغ من العمر 70 عامًا بالفعل، فقد يكون الكرسي ذو الذراعين أكثر منطقية؛ ولكن: لا تتردد في اللعب واستخدام الدعائم والأثاث بشكل إبداعي! إذا كان هناك منحوتة صينية في قطعتك الفنية، فيجب أن يكون وجودها منطقيًا من حيث السياق. إذا تم إدراج مشغل الأقراص المضغوطة أو التلفزيون ضمن معايير الوصف الخاصة بك، فيجب أن يقدم ذلك مساهمة معقولة أيضًا.

في مرحلة ما، ستتطلب جهود منشئ المشهد استخدام أجهزة للثقل والجهد. عندما يأتي هذا في مشهد تمثيلي، اكتب أن هذه الصورة تخصه إذا ظهرت. إذا استخدم أحد الممثلين واحدًا في مشهد حركة على جدار مجاور، فقم بتدوينه أيضًا! إذا كانت هذه الصورة المؤطرة يجب أن تكون جزءًا من مشهد آخر، فاكتب هذا الموقع أيضًا كدليل على أن هذه الصورة بالذات تأتي منه.

في البداية، يجب تعليق الصور كجزء من لعبتك منذ البداية. إذا لم تكن الصورة جزءًا من اللعبة، فلا تشعر بأنك مقيد بتعليقها مباشرة على الحائط؛ الأشياء الصغيرة الجميلة التي قد تجدها حول مطبخك يمكن أن تعمل أيضًا؛ يميل معظم بناة المسرح إلى دمج مثل هذه الزخارف على أي حال.

تصميم المسرح (التقاويم، الزهور، زخرفة الطاولات والخزائن، إلخ) هل أوضحت رأيي؟ لا؟ اسمحوا لي أن أوضح ما قد يستلزمه تصميم المسرح لهذه القطعة:

شكل المسرح:

في الخلف، توجد فتحة تؤدي إلى .(X يصور تصميم المسرح هذا غرفة المعيشة والمطبخ للسيدة... (السيدة متجر البقالة الخاص بهم ـ والذي يمكن رؤيته من جميع المقاعد ـ والذي يضم العديد من عبوات المواد الغذائية والمشروبات المتوفرة هناك، ولافتات إعلانية للمتجر المذكور بالإضافة إلى لافتات إعلانية تروج لمتجر البقالة المذكور. ستارة مصنوعة من الخرز الخشبي أو الشرائط الفخمة تمنع أي شخص من الرؤية من خلالها إلا إذا مر أحد من خلالها. يوجد باب واحد يؤدي إلى الخارج على الجانبين الأيمن والأيسر.

بشكل مريح وبسيط، وتحتوي على أريكة وكرسيين بذراعين (أو مقعد Lady X تم تأثيث مساحة المعيشة في زاوية) وطاولة وخزانة وهاتف؛ توجد أيضًا مقابس هواتف ومشغلات أقراص مضغوطة في مكان قريب بالإضافة إلى ثلاث صور فوتوغرافية على الجدران تصور زوجها المتوفى وابنهما ونفسها (انظر الشكل على اليمين).

زوجة الابن والحفيد) مع بعض الروايات المعروضة على رف مفتوح معلق على الحائط.

إذا كنت بحاجة إلى مجموعات متعددة للمسرحيات الأخرى التي تكتبها، قم بتفصيل كل مشهد على حدة: الفصل 1: - الفصل 2: إلخ. راضي؟ - حسنًا، عندما كنت أفكر في تصميم مسرحنا أدركت أنني سأستخدم الصور الموجودة علىX الهاتف في مرحلة ما؛ يمكن للموسيقى أيضًا أن تضيف عمقًا. لتقرأها السيدة ؛ جدرانك ترمز إلى الدفء العائلي الذي يمكن أن يكون له أيضًا معنى في هذه القطعة؛ لقد فكرت هنا بالفعل في شخصياتنا التي ستظهر في الفصول المستقبلية من لعبتنا!

يحب العديد من المؤلفين، وأنا منهم، استخدام الجملة الشائعة التالية في نهاية أوصاف المرحلة: "يتم ترك جميع المعدات الأخرى لمجموعة اللعب". يتيح ذلك لمصممي الديكور بعض الحرية بينما يتوقعون في نفس الوقت من الفرق المسرحية أن تضع أشياء على المسرح تبدو مناسبة بناءً على اللعب والحوار. تولي معظم فرق مسرح الهواة عناية وتفكيرًا كبيرًا في تصميماتها؛ لسوء الحظ، ليس كل شخص يدير هذا العمل الفذ! ما تعلمناه الآن هو ببساطة تحديد المتطلبات المحددة لهذه القطعة.

ومع ذلك، تنطبق نفس المبادئ على كل تصميم مسرح تحتاجه: قم بوصفه بتفصيل كبير مع ترك بعض المساحة الحرة على المسرح. بمجرد أن تبدأ المسرحيات في الظهور والتشكل أمامك، قد ينتفخ قلبك؛ فقط لرؤية شيئًا خاطئًا لاحقًا عند النظر إلى الصور المأخوذة من هذه المجموعات؛ وهذا يحدث في كثير من الأحيان!

أحيانًا تنسى مجموعات مسرح الهواة - بغض النظر عن مدى دقة الخطوط العريضة لتصميم مسرحهم - بعض القطع الأساسية، حتى بعد اتخاذ الخطوات اللازمة لتضمين كل ما هو ضروري للنجاح في تصميم مسرحهم. عندما يتعلق الأمر بالدعائم التي يجب استخدامها مرة واحدة فقط لكل فصل، مثل تلك المطلوبة قبل كل مشهد في بداية كل فصل. في بعض الأحيان هذا يعني فقدانهم تمامًا! عندما يحدث ذلك، لا ينبغي تضمينها كجزء من المجموعة الشاملة، ولكن قبل كل مشهد.

في هذه المرحلة، يجب أن يكون تصميم المسرح قد اكتمل. لقد اكتسبت فهمًا كافيًا حول مجموعات المراحل التي يمكن وينبغي طلبها من المجموعات المختلفة كمجموعة مراحل، وما يجب تجنبه تمامًا.

على افتراض أن لدينا بالفعل فكرة ومجموعة مسرحية موصوفة، فلننتقل إلى أحد الفصول الأكثر أهمية: الشخصيات أو الأبطال. سيكون أحد القرارات الرئيسية هو عدد الأشخاص الذين سيتم تضمينهم؛ هل ينبغي لي أن أذكر الرقم المثالي فقط، أم هل يجب علي أيضًا أن أفكر في قدرتي وأفكر في العناصر الأخرى التي تلعب دورًا كجزء من عملية اتخاذ القرار؟ حقيقة: يمكن أن يتضمن عملك 20 ممثلًا أو أكثر دون خرق أي قواعد؛ غالبًا ما تضم العروض التي يتم تنظيمها وعرضها في مسارح الهواء الطلق ما بين 30 إلى 50 ممثلًا في وقت واحد، خاصة الإنتاج التاريخي الذي يستخدم عادةً أكثر من ذلك. أحب مشاهدة أشياء من هذا القبيل. هناك أيضًا مساحة كبيرة بالخارج؛ يمكن لمسرح كبير في الهواء الطلق أن يستوعب بسهولة 50 فنانًا إذا لزم الأمر، ولكن لأغراضنا هنا، دعونا نركز على المساحات الصغيرة أو المراحل التي يمكن أن تضم أيضًا فنانين كبار. تتطلب مجموعات مسرح الهواة عادةً عددًا معينًا فقط من الممثلين النشطين؛ يعتمد العدد كليًا على أفكارك ومخططك ـ في بعض الأحيان قد يكون اثني عشر كافيًا؛ وفي أحيان أخرى يكون هناك أربعة فقط ضرورية. في العروض الأولى لمسرحياتي، غالبًا ما يطلب المخرجون المزيد من اللاعبين. تتكون مجموعتنا من 15 عضوًا نشطًا؛ سيكون أمرًا رائعًا لو تمكن جميع اللاعبين الخمسة عشر من المشاركة." وفي الوقت نفسه، عندما أسمع كثيرًا في مدينة أخرى: "أوه، من فضلك، اكتب المزيد من القطع مع عدد أقل من اللاعبين في المستقبل؛ مجموعتنا تتكون من 6 أفراد فقط ولا يريد الجميع دورًا."

حسنًا، بما أنه من الصعب إرضاء كل مرحلة، فإليك توصيتي: من 7 إلى 8 أشخاص لكل قطعة لضمان" السهولة وإمكانية الوصول إلى معظم المراحل. ومع ذلك، يمكنك تجربة كتابة واحدة تضم 6 أو 10 أو 13 شخصًا كبديل ولكن بشكل عام 7-8 هو الأمثل."

كل حرف يتطلب اسما. يمكنك منح كل منهم هويته المميزة؛ ومع ذلك، تجنب استخدام أسماء الشخصيات المعروفة، حيث قد يبدو من السخافة أن يحمل أبطالك أسماء مثل هيلموت كول، أو هايدي كابيل، أو فيرونيكا فيريس ـ وقد يؤدي ذلك إلى حدوث صراعات. ولكن حتى لو لم تكن أسماء شخصياتك "مشهورة"، فيرجى أن .A. قد تظهر مثلاً. إذا كان Apple التأكد من أنها الأسماء المناسبة. إذا كانت هناك شركة بارزة مثل هانز وبيات هانسن أو لودجر ميمين أو ديتليف ماير كشركاء متزوجين، فمن الحكمة عدم ذكرهم مباشرة في مقالتك. هناك أشخاص لا يهتمون كثيرًا بالمسرح، إلا أن سماع أو قراءة أسمائهم ضمن عمل غير مألوف قد يسبب ضررًا عاطفيًا لشخصيتهم. إذا كانت هذه المصادفة المؤسفة تتعلق بشخصين حقيقيين من شركة كبيرة أو سياق مماثل؛ لا ينبغي لأحد أن يلومك!

غالبًا ما تأخذ شخصياتي أسمائهم من دليل الهاتف القديم. الآن هناك أيضًا خيارات الأقراص المضغوطة. عند إنشاء قصصي، أقوم أحيانًا بخلط الأسماء الأولى والأخيرة بطرق إبداعية؛ عليك أن تقرر أفضل السبل للتعامل مع هذا التحدي.

ما هو X دعونا نتحدث عن تسمية شخصياتنا وطاقم التمثيل في مسرحيتنا. في البداية، تلعب الملكة دورًا مهمًا. الاسم الذي سيكون الأنسب لها؟ ـ ربما تكون ليني كرامر من اسمها الأصلي هيلين كافية، أو ماذا عن جيردا كروب أو جوانا موشال أو جيسين بيترز التي قد تناسبك بشكل أفضل اعتمادًا على ذوقك الشخصي؟ هناك X اعتبار آخر عند اختيار الاسم المناسب وهو مراعاة أعمارهم ـ على سبيل المثال يجب أن يكون عمر الملكة حوالي 17-18 عامًا.

قبل 70 عامًا على الأقل، لم يكن أحد قد أنجب. مثال آخر: إذا كانت مسرحيتك تتضمن قسًا، فقد يكون لأطفالهم أسماء مثل سيمون أو جون أو ماري أو إستير ـ ثق بي! في بعض الأحيان يمكن أن يساعد الاسم في تحديد الشخصية؛ قد يعتمد ذلك على التفضيل الشخصي؛ بالنسبة لامرأة شابة محبوبة، أفضل سيلفيا أو هيلجا أو هايدي كأسماء يجب مراعاتها. أميل إلى ربط أسماء مثل كاثرينا أو إليزابيث أو غيرترود بشخصيات معرضة للصراع على المسرح، لذلك عندما أقرأ أسمائهم أميل إلى تصور هؤلاء النساء على أنهن المسؤولات. وبدلاً من ذلك أفضّل تسمية أي شخصية ذكورية تبدو محرجة إلى حد ما هي Sebastian أو Andre أو Jorg أو Sven مثل يواكيم فوكو أو جيرد هاينريش أو كونيبرت. لا يبدو أن الأسماء المناسبة لمثل هذه الشخصيات؛ ألا توافق؟ ولكن كما هو الحال مع أي شيء، يمكن أن يكون هذا مجرد رأي شخصي. *إذا عرف أي من القراء بأنه إليزابيث أو جيرترود ويعتقد أنهم أشخاص محبوبون، فيرجى أن يغفروا تعليقي باعتباره تعميمًا مهينًا.

من أصل ألماني ـ ومن هنا اسمها الألماني هيلين كرامر (المعروفة باسم X بالمناسبة، أفترض أن السيدة ليني).

من آخر يجب أن يلعب دور البطولة في لعبتنا؟ ابن ليني وزوجة ابنها؟ كان ذلك في ذهني عند وصف تصميم المسرح (الصور على الجدران). إذا عاد إليك ذلك ـ فهذا جيد. نظرًا لأن ليني كانت متزوجة سابقًا، فمن المحتمل أن تتغير ألقابهم؛ ربما رودولف وإينا بليس؟ لماذا نحن؟ نظرًا لاتفاقنا على أن ليني أصبحت أرملة، يبدو هذا مناسبًا تمامًا للقصة. حتى الآن لدينا ثلاثة أرقام؛ ليني وابنها وزوجته. إذا تزوجت ليني عندما كان عمرها ما بين 20 إلى 30 عامًا، فهذا يعطينا نسخًا عمرها 40 إلى 50 عامًا لكل منهما. هل كلاهما لديهما أطفال؟ هل سيكون مقبولاً إذا أخذنا على عاتقنا دور إيجاد وتوظيف فرد لديه علاقة متميزة مع جدته ويمكن أن يلعب دوراً أساسياً في تشابكات مجموعتنا؟ هل سينجح دانييل بليس؟ بخير. مع هذه الفئة العمرية، سيكون هناك دائمًا مجال للنمو بين المجموعات ـ لجميع المشاركين.

الشخصيات الموجودة في القطعة. يُرجى طلب معلومات عمرية محددة فقط إذا كان ذلك ضروريًا حقًا؛ على سبيل المثال، يمكنني أن أعطي مثالاً مثل: "عيد الميلاد الخامس والسبعين". ومع ذلك، من الناحية المثالية، يجب على الممثل أن يصور نفسه أولاً على أنه يبلغ من العمر 74 عامًا قبل أن يجسد تلك الشخصية على خشبة المسرح. تركز مقالتنا على إدراك ليني لسن التقاعد، ومن المرجح أن يتم ذكر ذلك في حوارها. لذلك، يجب أن يعكس عمره بشكل أكثر دقة من الشخصيات الأخرى. إذن بالنسبة لليني، هذا الرقم هو 70! وتحتاج الفرق المسرحية الآن إلى تقديم ممثلة تبلغ من العمر 70 عاما لهذا الدور، إلا أن فناني الماكياج قادرون على تحويل فتاة تبلغ من العمر 20 عاما إلى نساء كبيرات في السن من خلال فن الماكياج. إن جعل الشخص أصغر سناً يتطلب المزيد من الجهد؛ إذا أصبحت مناقشة العمر المحدد ذات صلة بالحوار أو طُلب منك ذلك بشكل صريح لأهميته، فتأكد من ذكر هذه الحقيقة بدقة في الحوار أو أشكال المناقشة الأخرى.

الآن إلى أرقامنا. الآن لدينا أربعة: ليني ورودولف وإينا ودانيال ـ هل تتذكر فكرتنا الأساسية؟ تخيل هذا المشهد مرة أخرى مع ليني في متجرها وما قد يحدث. الصراع موجود بالفعل ضمن فكرتنا الأساسية ـ في حالة نسيانه... إليك تذكير: امرأة تبلغ من العمر 70 عامًا تدير متجرًا في الزاوية يجب أن يرسلها أطفالها بعيدًا إلى منشأة تقاعد مدعومة.

في جوهرها، يمكن تقسيم هذه القصة إلى "الأخيار" و"الأشرار". وهذا أمر جيد، وإلا فلن يكون هناك صراع ـ الأمر الذي من شأنه أن يجعل أي مسرحية عادية ومملة. ما زلنا بحاجة إلى شخصيات تدعم جانب ليني

(مثل والدتها أو والدها). من المهم أن تناقش ليني وضعها مع الشخصيات: من الذي يمكنها أن تلجأ إليه، الأصدقاء من نفس العمر الذين يمكنها مناقشة خطط مستقبل أطفالها معهم، وربما يكون أحدهم أرملًا أيضًا... حسنًا... قد يكون هذا مثيرًا للاهتمام للغاية ! دعونا نختار اثنين: هيلجا ويلمز وترود ليمان هما اسمان فقط توصلت إليهما ـ الآن لدينا بالفعل ستة أرقام؛ هل هذه كافية؟ أنا شخصياً أفضل اثنين إضافيين لمزيد من التعقيد ـ اسمحوا لي أن أعرف أفكارك أدناه في قسم التعليقات أدناه! أعتقد ذلك قدم ابنك ليني إلى شخص يمكن أن يصبح قريبًا منه، أو يصبح جادًا في حب ليني، أو يتصرف فقط كوسيط في مؤامرته ضد ليني؟ بالإضافة إلى ذلك، ماذا عن الشابات كخاطبات محتملات؟ ـ تمكن دانيال من مقابلة هذه السيدة الشابة إما من خلال الصداقة أو الاهتمام الرومانسي؛ ولكن ماذا لو كان دانيال، ابن ليني، لديه أيضًا عشيقة صغيرة؟ كل شيء ممكن وأخطط لإنشاء كلا الشخصيتين؛ دعنا نتصل بالسيد كارل هاينز آرينز والسيدة الشابة غابي ماير! في هذه المرحلة، أعتقد أننا أكملنا قائمة الشخصيات لدينا. بينما قد تكون هناك حاجة إلى أفراد إضافيين، أو إزالة الشخصيات الموجودة؛ سيعتمد ذلك على كيفية تطور القطعة. دعونا نجمع قائمتنا الكاملة، والتي يجب أن تظهر في الصفحة 4 من مخطوطتك ويمكن أن تبدو كما يلي: اللاعبون: 5 نساء/3 شخصيات ذكور

هيلين كرامر (تسمى ليني) ـ أرملة (70 سنة). رودولف بليس ـ ابن رودولف من زواجه الأول (40-50 سنة). كانت إينا بليس زوجة رودولف منذ زواجه الثاني (حوالي 40-50 عامًا). دانيال بليس (كلا الأبناء - 20-25 سنة). بالإضافة إلى ذلك، كانت هيلجا ويلمز، صديقة ليني المقربة، تبلغ من العمر 60 عامًا تقريبًا. كما لعب ترود ليمان دورًا أساسيًا. كان كارل هاينز آرينز حاضرا طوال هذه الفترة ـ70 عاما (غابي ماير (20-25 سنة.

نظرًا لأن مسرحيتنا تتطلب خمسة ممثلين من الإناث وثلاثة ممثلين، فيجب أن يكون هذا المزيج متعدد الاستخدامات للاستخدام عبر العديد من المراحل. لا يزال كارل هاينز وغابي يحتفظان بأدوار مفتوحة ـ ولا اخترت أعمارًا متعددة لأن العديد من Leni، تزال علاقتهما مع ليني تتطور أثناء كتابتنا. عند اختيار أصدقاء المراحل لا تضم ثلاثة لاعبين يبلغ عمرهم جميعًا 70 عامًا معًا ـ بالإضافة إلى توفير حوار فكاهي بين الشخصيات التي تحمل جميعها وجهات نظر متميزة بسبب التفاوت العمري.
وصف الشخصية والمظهر للشخصيات

الآن بعد أن تم اختيار الأبطال، يمكنك تخصيص بعض الوقت لوصف كل شخصية في الصفحة التالية. في حين أن بعض المؤلفين يقومون بهذه الخطوة بشكل صريح، فأنا أفضل أن يقودني الحوار مباشرة إلى تطوير الشخصية ـ وإلا فإن مقالتي ربما لن تعمل بشكل جيد. الشخصيات موجودة فقط داخل رأسك. يؤدي الصراع المُضاف مبكرًا إلى إنشاء أنواع مختلفة من الأشخاص ذوي سمات شخصية مميزة؛ وبالمثل يجب أن تصف أوصاف الملابس من يظهر. الملابس تعتمد أيضًا على الشخصية. إذا كان من المنطقي أكثر بالنسبة لك أن تتخيل شخصياتك في الصفحة 5، فلا تتردد في القيام بذلك. في نفس الصفحة، تحت أسمائهم، يرجى كتابة وقت التشغيل والموقع وربما مدتها ـ الناشرون والمجموعات يقدرون هذه اللفتة كثيرًا!! يمكن أن يبدو الأمر كالتالي:

(وقت اللعب ومكان هذه المسرحية: الصيف في بلومبرج (قرية صغيرة في مكان ما في ألمانيا.
وقت اللعب: تقريبًا. 100 دقيقة بدون فواصل

يعتمد وقت تشغيل مقطوعتك بالكامل عليك؛ كما تم تطوير بعض الأعمال حول مهرجانات محددة مثل عيد الميلاد أو عيد الفصح أو عيد العنصرة؛ ثم يحدد هذا موسمه تلقائيًا. بالطبع، إذا كانت قطعتك تمتد لعدة مواسم، فإن الفصول تتغير أيضًا وفقًا لذلك. على سبيل المثال: إذا كان الفصل الأول من مسرحيتها يبدأ في فبراير؛ تتم ولادة الطفل خلال الفصل 2، الذي يقام في أغسطس أو سبتمبر؛ هذه المعلومات ضرورية، حيث من المحتمل أن يرتدي الممثلون ملابس مختلفة خلال الشتاء وأغسطس على التوالي، ويمكنك إضافة المزيد من الحوار القائم على المناخ إلى الحوار. أفضّل أن تكون مسرحيتنا في الصيف حصريًا؛ لا أعرف المدة بعد، لكن لا يكفي أكثر من 6-4 أسابيع ـ أو قد يكون صيف واحد كافيًا.

ـ الإعداد: مصدر إلهامي لهذه القطعة مع متجر البقالة الصغير الساحر يأتي من صور القرى الصغيرة الحضرية والريفية على حد سواء.

المكان الذي ستقام فيه قطعتك الفنية لا يهم حقًا؛ كل ما يهم هو أن الجمهور يدرك بسرعة أن هذا المكان الصغير وأقرب مدينة لا يفصل بينهما سوى كيلومترات فقط. أفضّل إنشاء أسماء أماكن خيالية؛ نادرًا ما تظهر الأماكن الحقيقية في عملي. حتى أن بعض المجموعات ترغب في تعديل الإجراء ليناسب المكان الذي يحدث فيه أدائها بالفعل إذا لزم الأمر؛ أنا لا أمانع؛ يبدو مكاننا في بلومبرج وكأنه قرية على أي حال.

يعتمد وقت اللعب على طول الصفحات. على سبيل المثال، سيؤدي اختيار حجم محرف Times New Roman بحجم 12 في الصفحة DIN A5 61 الموجود في مثال مثال الحوار لإنتاج شيء مثل كأحجام للصفحة إلى إنتاج شيء مثل مثال الحوار الموجود في الصفحة DIN A5 61 بحجم 12 و Roman من هذا الكتاب ـ ومع ذلك أوصي بإدراج فقرات بين مربعات الحوار للحصول على تأثير إضافي. باستخدام هذا التنسيق، تساوي 90 صفحة من النص حوالي 90 دقيقة من التشغيل الخالص؛ نصيحة: يجب ألا تتجاوز القطعة المثالية 120 دقيقة بدون فواصل ـ 90 دقيقة.

إن الـ 100 دقيقة المذكورة في الوصف غير ملزمة وهي بمثابة مثال فقط.

ما يجب تضمينه في الصفحات القليلة الأولى هو الخطوط العريضة للمحتوى الخاص بك، ولكن قد لا يكون ذلك ممكنًا بعد لأننا لا نعرف كل شيء بعد؛ على الأقل ليس أنا! ولكن إذا كنت تعرف، فأنا أحبيك وأشجعك على كتابة كل ذلك على الفور.

الفصل السابع: البداية

تمنحنا برامج معالجة النصوص القدرة على إضافة نص وحذفه حسب الرغبة وتغيير التخطيط في أي وقت، تمامًا كما يفعل الناشرون قبل طباعة مخطوطتك. أقترح إعداد صفحات مقالتك الآن على الأقل؛ يستخدم بعض في نهاية المطاف، يعود الأمر إليك في تحديد DIN A5. بينما يفضل البعض الآخر DIN A4، الناشرين التنسيق الذي يناسب قطعتك في البداية ـ يمكنك دائمًا تبديل التنسيقات لاحقًا! بدءًا من الصفحة 5. في تلك DIN A5، على افتراض أنك تريد التغيير، قم بإعداد الصفحات باستخدام الصفحة تبدأ في كتابة الفصل الأول؛ تحتوي صفحات الغلاف 2-4 على العناوين/المؤلفين/المحتوى/اللاعبين وتفاصيل تصميم المسرح؛ كل ما هو مطلوب حقًا لإعداد الصفحات هو جدول بأسماء الشخصيات على الحافة اليسرى وحوار مجدول بحيث يسهل على الممثلين التعلم ـ مثل هذا:

بياتريس: باولا، خذي منظورًا مختلفًا: أنت أعزب وتحتاج إلى دعم من نوع ما ـ فعمرك 55 عامًا، يعني أن تعيش على دخل واحد وحدك...

إباولا: شكرًا لك على تذكيري بحياتي الاستثنائية

بياتريس: لماذا تهتم بأخذ إجازة، في حين أن كل ما ستفعله هو توفير فترة راحة مؤقتة في ميرسبورج وليس لديك أي موهبة في اختيار هدايا عيد الميلاد؟

باولا: انتظر! ينتظر أطفال أختي جيرترود بفارغ الصبر كل عام للحصول على الهدايا من العمة باولا؛ أي ثلاثة منهم تبلغ أعمارهم 12 و15 و21 عامًا ـ أعرف ما هي متطلبات الشباب فيما يتعلق بالهدايا (يأكل مرة أخرى). (باولا يجب أن تتوقف

بياتريس: هدايا عيد الميلاد هذا العام قد تكون أصغر.

باولا: نعم، أصغر بنسبة 50 بالمائة بالضبط. ـ هل تهتم بما يفعلونه بنا هنا؟! لماذا تتصرف دائمًا بهذه الطريقة بيانو؟ ـ

بياتريس: لأنه لا يوجد أي معنى للغضب من أشياء لا يمكننا أن نؤثر عليها كمواطنين عاديين. على سبيل المثال، يواجه الاقتصاد الألماني منافسة شديدة، في حين تستطيع الدول الأوروبية الأخرى إنتاج الشوكولاتة بشكل أكثر فعالية من حيث التكلفة ـ وهذه هي الطريقة التي تسير بها الأمور.
باولا: مرحبًا... هل يمكنني الحصول على وجهة نظرك بشأن هذا الاجتماع لجميع موظفي الشركة...؟ باولا:

هل أكملت تلك الخطوة؟ عظيم. اختر الآن محرفًا يمكن قراءته بسهولة؛ يعد Times New Roman وArial أو كنت بحاجة إلى مزيد من WORD من الخيارات الشائعة. إذا كان كل هذا يسبب مشاكل وكنت جديدًا في الإرشادات مني، فلا يمكنني سوى تقديم الإرشادات الأساسية؛ لن يقدم كتابي شرحًا متعمقًا حول كيفية استخدام

ومن ثم قد يكون الخيار الأفضل هو الاستعانة بشخص ذي خبرة Word. برنامج معالجة النصوص مثل WORD. ليعلمك أساسياته أو أخذ دورة في

في الصفحة 5، أنت تكتب "التصرف أولاً. تحظى الأعمال المكونة من 3 فصول بشعبية كبيرة بين الفرق المسرحية، وأنا أفضل كتابة المسرحيات بهذا الشكل بنفسي. يعتمد عدد الأعمال بشكل كبير على عدد المرات أو ما إذا كان عملك يتطلب وقتًا على الإطلاق- القفز. نظرًا لأن هذا سيكون مجهودك الأولي على الأرجح، فمن الأفضل أن تبدأ بممثل مكون من 3 ممثلين، يأتي أولاً وصف لكيفية تجميع المشهد الأول عند فتح الستار: Chez هل تدخل الشخصيات أم لا يوجد أحد؟ ومع ذلك، ونحن لا نسمع سوى الضجيج؟ في "مرحبًا بك في Andre"، يبدو كل شيء على النحو التالي مع كريستوف بريداو بالاشتراك كتبها التي:

الفصل الأول. (عندما يُفتح الستار، يجلس أندريه وفرانك حول طاولة يقرأان طبعة من صحيفة يومية بينما يبدو عليهما الحزن قليلاً. يوجد هاتف محمول على الطاولة؛ إنه بعد ظهر يوم الثلاثاء مع أشياء متناثرة مثل (الملابس والصحف والزجاجات الفارغة والطرود الغذائية.
لا تبالغ، ولكن تخيل شخصيان يرتديان ملابس غير متقنة (تي شيرت أو قمصان مفتوحة بدون أزرار، جينز مع شقوق وأحذية رياضية بالية، أحذية رياضية قديمة). لا تبدو مرتبة جدًا. يبدو أن لديهم أحذية مختلطة. إنهم لا يبدون مرتبين جدًا مع بعضهم البعض أيضًا ـ ليسوا مرتبين تمامًا ولكنهم ليسوا متسخين أيضًا ـ عند المشي ("تجاه بعضهم البعض "بطريقة سيئة الأخلاق.

لذا، يتعين عليك تقديم تفاصيل حول الحاضرين، وماذا يفعلون، وما هي الدعائم التي قد تظل مطلوبة في المشهد. عند وصف ملابس الممثلين وكذلك الحالة المزاجية/السلوك/الوقت من اليوم، يمكن أن يساعد ذلك في خلق انطباع لدى المشاهد بكل ما يراه في الوقت نفسه: مجموعة المسرح بأكملها بالإضافة إلى المشهد الأول ـ أخبره على الفور دون الحاجة إلى حوار من الممثلين أنفسهم!
كما فعلت من قبل في 20-10 ثانية فقط "Chez Andre ما الذي سأفكر فيه إذا وصفت بداية "مرحبًا بكم في كمشاهد؟
أستطيع أن أتخيل رجلين، لا يرتدي أي منهما ملابس أنيقة، يقرأان الصحف على الطاولة معًا ويبدو عليهما الملل، ويجلسان هناك يقرأانهما معًا ويبدو عليهما الملل إلى حد ما ـ وهو فهم فوري لأي مشاهد! هذا المشهد يجب أن يكون واضحا للجميع أليس كذلك؟
بمجرد أن يبدأ جمهورك في التفكير، تبدأ مقطوعتك الحوار الأول. لا حاجة لمقدمات ومقدمات طويلة؛ تبدأ مباشرة من هذا الوضع الأولي. كمشاهد، أستطيع أن أقول بالفعل أن هناك خطأ ما بين كلا الشخصيتين؛ تبدو تفاعلاتهم غير مستقرة، مما يترك أحد أفراد الجمهور يعرف شيئًا عن هذا المشهد الذي لا يحتوي على كلمات. مثال آخر يمكن أن يكون ـ:

في بداية الفصل الأول (خميس العهد حوالي الساعة 16.30 ظهرًا)، لن يكون هناك أي لاعب على المسرح عند فتح الستار؛ وبدلاً من ذلك لا يوجد سوى زهور ذات بتلات ذابلة تجلس ذابلة على كراسي الزهور وعتبات النوافذ، بالإضافة إلى أجهزة التلفزيون المغطاة بملاءات أو أقمشة وربما أشياء أخرى مغطاة بأغطية (من القماش.)

هنا، الوضع الأولي أكثر غرابة. لا يوجد لاعب على المسرح الزهور الذابلة وقطع الأثاث المغطاة كلها موجودة... ماذا يجب أن يفعل المشاهد من كل هذا؟ هل هناك أشخاص يختبئون هنا؟ يبدو كذلك لم يكن أحد هناك منذ فترة ـ لا نعرف ما إذا كانت الشقة فارغة أم أن سكانها يسافرون بعيدًا ـ لكن الجمهور سيتعلم بسرعة في المشهد الأول والحوار الذي يليه. حقيقة واحدة لم يتم الكشف عنها من خلال النص: إنه خميس العهد؛ ومع ذلك، سرعان ما أصبح هذا معروفاً من خلال الحوار التالي. ـ المثال الثالث:

هارالد يجلس على مكتبه، ويكتب على لوحة مفاتيح جهاز الكمبيوتر الخاص به؛ لينا تنظف الغبار أمامه. يبدو هارالد منزعجًا من الضجيج بينما تبدو لينا منزعجة من كل ذلك وتمسح دموعها باستمرار ـ كل هذا في صباح يوم سبت عادي!

عند ارتفاع الستارة نجد ممثلين حيويين على المسرح؛ رجل وامرأة. وعلى الرغم من أنه لا يزال من غير المعروف ما إذا كان هذان الشخصان متزوجين أو شريكي حياة حتى الآن؛ ومع ذلك نرى دليلاً على الصراع دون تبادل الكلمات ـ حيث كان منزعجًا من صوت المكنسة الكهربائية الخاصة به؛ تبدو منزعجة جدًا من كل شيء. لا يبدو أن هناك أي دعائم إضافية (ربما باستثناء نفس المكنسة الكهربائية) ضرورية هنا ـ في الواقع يظل تصميم المسرح دون تغيير تمامًا كما هو موضح سابقًا.

بمجرد وصف بداية اللعبة، ابدأ الحوار فورًا في المشهد الأول من الفصل الأول. بعض المؤلفين الذين جربوا روايتهم الأولى يرتكبون خطأ كتابة حوار مطول كمقدمة افتتاحية؛ قد يكون هذا مملاً ومحرجًا. بدلاً من ذلك، انتقل مباشرة إلى العمل فورًا في المشهد 1 دون أي مقدمات غير ضرورية، حيث يجب أن تظهر العلاقات والصراع بشكل طبيعي أثناء اللعب.

باعتباري عضوًا في الجمهور، كثيرًا ما أواجه مخرجين يخرجون أمام الستار ويرحبون بنا قبل شرح العمل ووصفه ـ أحيانًا حتى أدق التفاصيل ويتضمن جملة نهائية في نهاية المطاف. في هذه اللحظات كان بإمكاني أن أصعد على المسرح وأقتل هذا الشخص على الفور؛ يجب على شخص ما أن يشرح لي كل شيء أولاً بقدر ما أرغب في المشاهدة الآن، يجب أن يكون المحتوى مكتوبًا بشكل سيئ للغاية أو أن هذا الشخص غير كفء لدرجة أنه يستلزم هذا المطلب.

يفعل ذلك لأنه يفترض أن جمهوره يفتقر إلى الذكاء الكافي لتقدير الكوميديا. قد يكون الاحتمال الثالث هو أنه قد تم قطع الكثير من النص لدرجة أن التفسير ضروري؛ لكن كمشاهد، يجب علي أن أفهم كل العناصر دون الحاجة إلى إعلانات وتوضيحات من مسؤول.

إذًا، كيف يمكن أن يبدو المشهد الافتتاحي لمسرحيتك؟ الآن بعد أن فهمنا مفهومها المركزي، لديك العديد من الخيارات المتاحة لك لبدء أحداث القصة. ضع في اعتبارك هذه الاحتمالات: 1. لا يوجد لاعبون على المسرح ولكننا نسمع ليني تقول وداعًا لأحد العملاء قبل أن تأتي إلى غرفة المعيشة بعد ذلك مباشرة. 2. تجلس ليني وأطفالها حول طاولة. 3. تقدم ليني حفيدها دانيال إلى غرفة المعيشة. 4. كانت ليني في متجرها عندما دخل ابنها وزوجة ابنها، وناقشا مستقبله جنبًا إلى جنب مع متجر ليني ومتجرها الخاص.

لذلك، هناك طرق مختلفة يمكنك من خلالها بدء الحركة، ولكن في النهاية يقع الاختيار على عاتقك. الصراع هو أساس جميع المسرحيات الكوميدية، لذلك عند وضع أحد الصراعات في مكانه، يجب أن يظهر خلال خمس دقائق أو يتطور بسرعة في الفصل الأول ـ مما يجعل مسرحية مثيرة ومسلية! في حالتنا، كان هذا يعني تقديم تحديثات سريعة حول ما كان أطفال ليني يفعلونه بالسرعة الكافية.

بين الحين والآخر أتلقى مخطوطات من كتاب شباب يبحثون عن رأيي الصادق قبل عرضه على الناشرين. على الرغم من أن المسرحيات الصحيحة من الناحية الدرامية هي مسائل ذوق ذاتية، إلا أنه لا يزال بإمكاني تقديم نصيحة صادقة للكتاب لأول مرة فيما يتعلق بأي أخطاء جسيمة في مخطوطاتهم أو عدم وجودها. عند قراءة العمل، يقوم ممثلان أو ثلاثة بإجراء محادثة مقبولة حيث تومئ جميع الأطراف المعنية ببساطة برأسها أو توافق دون خلاف ويبدأ المشاهد في التساؤل عما يحدث، فهي بالتأكيد ليست كتابة جيدة؛ يجب أن يحدث شيء ما أو يجب على الأقل أن يتركهم يفكرون بهذه الطريقة!

على خشبة المسرح، لا ينبغي أن يحدث أي شيء مثير للاهتمام دون صراع! تذكر هذه العبارة:

"لا يوجد صراع مناسب !!!!". لذلك، إليكم كيف يمكن أن يبدأ عملنا في مشهده الأول:

يقف رودولف وإينا بصمت في الغرفة عندما يُفتح الستار؛ كلاهما يبدو غير متأكد وغير مؤكد. يمكن سماع (صوت ليني وهي تودع أحد عملائها من الخلف.)

إذا اخترنا هذا الطريق، سينغمس الجمهور فورًا في المشهد الأول للدراما. بينما قد تتوقع بالفعل رغبة رودولف وإينا في مقابلة ليني، فلنغير الأمور: ماذا عن هذا بدلاً من ذلك:

عندما يُفتح الستار، لا يوجد أي لاعب على المسرح. ثم تتقدم ليني من الخلف ومعها صندوق نقود، وتجلس (على طاولة وتبدأ في عد النقود؛ وبعد ذلك بوقت قصير يدخل دانيال من اليمين.)

نتعرف الآن على ليني ومتجرها، ونلتقي بدانيال، ويمكننا أن نسمح للصراع بالظهور لاحقًا - مدى سرعة مواجهة الجمهور لهذا الصراع أمر متروك لك؛ ما يهم هو أنه يحدث على الإطلاق.

الفصل الثامن: الدراماتورجيا وموضوع الحبكة

تشتمل المسرحية عادةً على أعمال متعددة. في الفصل الأول، قمنا بإعداد الصراع مع توفير معلومات للجمهور حول الشخصيات؛ خلال الفصل الثاني نقوم بتطوير عناصر الحبكة بشكل أكبر ونصل إلى الذروة؛ أخيرًا، في الفصل الثالث، قمنا بتوضيح الصراع ووضع حد له ـ حيث نحقق معظم الشخصيات مع ترك تجربة مشاهدة ممتعة للمشاهدين على حدٍ سواء.

لا تحتوي كل قطعة في مسرحيتنا على حبكة رئيسية فحسب، بل يمكن أن تحتوي أيضًا على حبكات فرعية. تعتبر ليني ومتجرها بمثابة قطعة الأرض الرئيسية لدينا؛ يمكن أن تتضمن الحبكات الفرعية الإضافية انجذاب رودولف إلى دانيال أو العكس أو ربما تواجه ليني مشاكل زوجية.

قبل كتابة فصلك الأول، أريد أن أشير إلى خطأ غالبًا ما أراه بين المخطوطات التي يرسلها الكتاب الشباب: غالبًا ما يرتكبون خطأ تفريق الأزواج الرومانسيين في وقت مبكر جدًا أو ببساطة عدم تطوير الشخصية بشكل كافٍ. لا ينبغي أن يحدث هذا تحت أي ظرف من الظروف:

تستمر العروض عادة لمدة 25-35 دقيقة (إذا كانت مسرحيتك المكونة من ثلاثة أو أربعة فصول طويلة بما يكفي) دون أي تحولات زمنية؛ لذا، إذا كان مشهد مائدة الإفطار يبدأ في الساعة 8 صباحًا وينتهي في الساعة 8:30 صباحًا، فهذا يعني أن هذا الفعل قد انتهى في الساعة 8:30 صباحًا. ابدأ الفصل الثاني حوالي الساعة 3 بعد الظهر، ويجب أن ينتهي حوالي الساعة 3:30 بعد الظهر. هذا من شأنه أن يجعل الوقت حقيقيًا أثناء اللعب؛ ومع ذلك، إذا حدثت تغيرات زمنية لا يمكن تجنبها (على سبيل المثال بسبب دخول الممثلين/خروجهم في أوقات مختلفة)، فيجب إيجاد حلول ذكية (على سبيل المثال، تقديم أعمال متعددة ومشاهد مختلفة في وقت واحد). قم بالتغيير من المساء إلى الصباح باستخدام الموسيقى والمؤثرات الضوئية حتى يكون المشاهد على علم بهذه التحولات الزمنية. ويفضل أن يتم ذلك خلال فترة استراحة مناسبة مع عدم وجود ممثلين على المسرح؛ ولكن بشكل عام سيكون من الحكمة عدم القيام بذلك. بين الأفعال، يمكن اللعب بالوقت كما تراه مناسبًا ـ يمكن أن يشمل ذلك الدقائق والساعات والأيام والأسابيع والشهور والسنوات! فقط لا تغير الوقت في فعل واحد! لقد قرأت المخطوطات وشاهدت مسرحيات حيث يبدأ الفصل الأول عند الإفطار وينتهي بعد 25 دقيقة عندما تذهب الشخصية الرئيسية إلى الديسكو الذي فتح أبوابه في الساعة 8 صباحًا! ومع ذلك، يشير الحوار عادة إلى أنه كان وقت متأخر من المساء بحلول ذلك الوقت ـ كيف لي أن أفهم هذا السيناريو كمشاهد؟ إلا تجعل هذا النوع من الخطأ!

أثناء الكتابة، احتفظ بكل شخصية في طليعة ذهنك أثناء الكتابة. أين هي الآن ـ ما هي نواياها؟ سيمنع هذا ليني من دخول غرفة النوم ثم العودة لاحقًا كغريبة؛ لا بد أنها دخلت عبر وسائل أخرى إذا كان الأمر كذلك ولم يكن هناك قافية أو سبب محدد في المسرحية لمثل هذا الإجراء؛ وإلا قد يصاب المشاهد بالارتباك والحيرة. ـ تعمل هذه التقنية نفسها عند كتابة القصص الخيالية أيضًا.

تشير مدة الغياب إلى مدة غياب الممثلين؛ على سبيل المثال، عندما تقوم الشخصيات بعمليات شراء كبيرة، يجب عليها تخصيص وقت كافٍ والسماح للجمهور بالمتابعة بأفضل ما يمكن. ترقب أية تفاصيل دقيقة قد تفلت من أيدينا؛ لدى المشاهدين عيونٌ حادة للغاية تلاحظ كل شيء ويمكن ملاحظة كل شيء بسهولة شديدة؛ لذا، عندما يغادر أحد الممثلين الغرفة للذهاب للتسوق، لا يمكنه العودة خلال دقيقتين بحقائب ممتلئة. فكر في المدة التي تحتاجها للتسوق؛ امنح هذا الممثل وقتًا كافيًا أمام الشاشة في عملك أو دعه يظهر مرة أخرى إذا لزم الأمر.

عندما تكتب الفصل الأول، ضع في اعتبارك أن كل سطر تنطقه شخصياتك يجب أن ينقل المعنى. اسأل نفسك لماذا يقول الممثل شيئًا ما. لا أعرف بالضبط ماذا يعني هذا الممثل به؟ ينظر:

آن: (بعد بعض المداولات) ما رأيك في خدمة الشاي الجديدة لدينا؟ فلوريان: اشتراه الأب والأم للاحتفال بالذكرى العشرين لزواج أخت الأم؛ تم شراء ما لا يقل عن ستة أكواب مباشرة من قبل الأم نفسها من متجر Burwood). آن: طريق (Purple Flowers Tea Party Shoppe

فلوريان: شيء جميل سيستمر على الحائط مدى الحياة، أجابت آن بازدراء. أي نوع من الفكرة كان المقصود؟ (ربما امرأة عارية لغرفة نومها؟ قد يعجب فلوريان بشيء مشابه (يبتسم

آن: نعم، بالطبع ـ دعنا ننسى ذلك بسرعة ـ يجب أن تكون الهدية المثالية شيئًا غير متوقع لن يرضي الأب ببساطة. فلوريان: لماذا يجب أن تكون هدايا الذكرى السنوية لزواج الوالدين الفضية مميزة وغريبة؟ آن: حسنًا، لأننا أطفال ـ بالتأكيد لا ينبغي أن يكون هذا صعبًا للغاية؟

فلوريان: ما رأيك... ـ كانت أمي تشتكي منذ أسابيع من استمرار احتراق أوانيها. آن: هذه هدية زفاف غير مقبولة من الأطفال! لا يعطون الأجهزة المنزلية والأواني.

فلوريان: بالتأكيد. شيء عملي أفضل من شيء لن يستخدمه من شيء لا معنى له مثل شكل من أشكال الحلي أو الألعاب عديمة الفائدة التي لن يستخدمها مرة أخرى أبدًا. آن: لا، شكرًا ـ هذا لن يحدث أبدًا!! إذا أعطاني زوجي شيئاً عملياً مثل آلة طهي البيض أو محمصة الخبز في يوم زفافنا فلن أتزوج ذلك أيضاً!

كما هو واضح، يناقش زوجان شقيقان هدية مناسبة لوالديهما في ذكرى زواجهما الفضية، ولكن لم يتفق أي منهما على الحل المثالي ـ يفضل أحد الابنين الاعتبارات العملية بينما يرغب الآخر في الرومانسية ويريد أن يتم ذلك بشكل صحيح. من خلال الحوار، نتعلم الكثير عن كلا الشخصيتين ـ كل جملة لها معنى في حد ذاتها مما يعطي نظرة ثاقبة لمن قال ماذا ومتى!

إن تقليل التفاصيل غير الضرورية لمجرد أن مشهدك يجب أن يكون أطول هو أمر أساسي؛ البقاء على المسار الصحيح من خلال الحفاظ على التركيز؛ بمرور الوقت، ستتمكن من السيطرة على هذا الأمر، ولكن في البداية بهذه Y أو تتفاعل بهذه الطريقة؟" و"لماذا استجابت الشخصية X استمر في التساؤل "لماذا تقول الشخصية الطريقة؟" كما يطالب.

كمتابعة لاقتراحي السابق، اسمحوا لي أن أقترح كيف يمكن أن تبدأ الكوميديا في مشهدها الأولى:

1. ليني: (تدخل من الجزء الخلفي للمتجر ومعها صندوق النقود والكتاب، وتسير مباشرة نحو الطاولة وتجلس. وحالما تصل إلى هناك تبدأ في عد النقود وكتابة الأرقام في كتابها قبل أن تصاب بالإرهاق وتتوقف عن العد (تمامًا). ملابسها تبدو عادية وكل يوم.

2. المشهد 2 دانيال (يأتي من اليمين، مرتديًا ملابس رياضية صيفية ويقرع قبل قليل. ليني سعيدة برؤية حفيدها) دانيال! ولدي! دانيال: (يصعد ويعطي ليني قبلة على خدها)، ثم يسألها كيف سار العمل اليوم قبل أن يثني على المبيعات، هل كان الجميع راضين؟

ليني: أما بالنسبة لاحتياجاتي، فقد تم تلبيتها دائمًا ولم تعد تشير إلي باسم العمة إيما.

دانيال: جدتي ليني، هل يمكنني الحصول على علبة سجائر أخرى من فضلك؟ ليني: التدخين بكثرة..

دانيال: (يقاطعها) التدخين يضر بصحتك، ويؤدي إلى شيخوخة الجلد، ويمكن أن يقلل من العجز الجنسي والروائح الكريهة... ـ جدتي، الإقلاع عن التدخين ليس بهذه السهولة... ليني: كان جدك يشعر بنفس الطريقة تمامًا في ذلك الوقت؛ لم يستطع أن يمنع يديه من التدخين أيضًا وكان عمره 73 عامًا فقط

دانيال: جدتي، أريد مساعدتك. جدك تعرض لحادث. ميس ليني: (حزينة قليلاً) نعم. دعنا لا نتحدث عن الأمر؛ فقط ساعد نفسك. دانيال (يضرب كتفها لفترة وجيزة، قبل أن يغادر لمساعدة شريكه في المتجر في الخلف) (ليني (تنظر إليه لفترة وجيزة قبل مواصلة عملها المحاسبي

المشهد الثالث

إينا ورودولف يسيران مرتدين ملابس الصيف. يحيي رودولف إينا لفترة وجيزة بينما تدخل إينا بشكل مباشر وحازم: مساء الخير يا حماتي! يجيب رودولف بسرعة: أمي.

ليني: (مذهولة قليلاً) نعم، أنت؟ كنت لا أزال أقوم بالفواتير اليومية عندما أتيت إلى هنا! ماذا يمكنني أن أقدم لك، الشاي؟

إينا: (بعزم وحزم) يا حماتي، تفضلي بالجلوس مرة أخرى لأن هناك شيئًا ما يحدث بيننا ويجب أن نناقشه. جلست ليني مرة أخرى وهي غير متأكدة مبدئيًا مما يحدث أو لماذا تواجه إينا هذه الجدية. واصلت إينا الحديث عن رأيها بإصرار: تبدو جادة للغاية اليوم، إينا! كانت نبرة إينا واضحة عندما دخلت وهي تقف ببطء بعد أن جلست مرة أخرى أخيرًا: نعم! إذن ما الأمر اليوم يا إينا! ولكن يبدو أنك جدي جدا! إذن ما الذي يجعل إينا بهذه الجدية؟ فماذا يحدث مع تعبيرها الجاد؟ تبدو جادة للغاية بالنسبة لليني وهي تجلس ببطء مجددًا غير متأكدة، وتجلس ببطء مجددًا بشكل غير مؤكد: نعم؟ إذن ما الذي نتحدث عنه اليوم إينا؟ من الواضح أن إينا تبدو شديدة للغاية. ليني، بتردد تجلس مرة أخرى ببطء: نعم؟ إذن ما الذي يحدث هنا اليوم إينا؟ ليني تجلس ببطء مرة أخرى: نعم؟ إذن ما الذي يحدث هنا اليوم إينا؟

ليني تجلس ببطء مرة أخرى: أوه؟ إذن ما الذي يحدث اليوم مع تعبيرك؟ في رودولف: أمي، أردنا التحدث معك منذ أسابيع ولكننا ظللنا نؤجله. إينا: ولكن الآن فات الأوان؛ لا يمكننا الانتظار لفترة أطول. ليني: هذا يبدو مثيرا. هل انا قمت بشئ خاطئ؟ المشهد الرابع

دانيال: (عائداً من الجزء الخلفي من المتجر أثناء جملة إينا الأخيرة؛ يحمل علبة سجائر وينظر حوله) أوه ـ لم شمل العائلة؟

إينا: ماذا تفعل هنا؟ أعتقد أنك يجب أن تكون في تدريب كرة القدم.

دانيال : ملغى (ينذر بالشر). مظهرك يخبرني أن هناك شيئًا خاطئًا هنا... يبدو أنك لست هنا لتناول القهوة، رودولف. دانيال: هذا ليس صحيحا. بأي حال من الأحوال، ليس مثل هذا! ليني: مع من يتحدثون الآن؟ رودولف: إلى متى سنحمل هذا معنا؟ دانيال: أبي. ليني: واو. إذن هذا هو؛ هل تخبرني أنه يجب علي إغلاق متجري والانتقال إلى مجتمع التقاعد المدعوم! ـ حسنًا، لقد ظهرت الحقيقة الآن.

بمجرد أن تبدأ القطعة بهذه الطريقة، يصبح الصراع أمرًا لا مفر منه خلال دقائق. لقد قدمت بالفعل الكثير من المعلومات حول شخصية ليني ـ الأرملة؛ العلاقات مع الحفيد جيدة؛ الرغبة في مقاطعة المحاسبة لتقديم شيء للأطفال؛ يعرف "دانيال" ما يخطط له والديهما، لكنه يبدو غير موافق عليه؛ يبدو الصهر وزوجة الابن إقاسيين تجاه ليني؛ كلاهما لا يحب وجودها ـ كل ذلك في ثلاث صفحات من النص

ومع ذلك، يمكننا أيضًا الانتظار حتى تظهر إينا ورودولف أولاً. ربما تفضل أن يخبر دانيال جدته بما كان يخطط له والديه، أو ربما تكون صديقة ليني قد رأت أن إينا ورودولف يخططان لليني وبالتالي كان أول شخص يدخل المشهد ـ كل شيء ممكن هنا ـ خذ ما تريد أو تجد نقطة البداية الفريدة الخاصة بك؛ قطعتك ملك لك

دعنا نمضي قدمًا في اقتراحي ـ ما الذي يمكن أن تتضمنه القطعة بعد ذلك؟ الآن هي فرصتك! كيف تستجيب ليني وماذا تفعل بعد ذلك؟ يمكن أن يقدم دانيال مساعدته لليني في هذه المرحلة؛ إلى متى يستمر هذا الحديث؟ من يغادر ومن يدخل المشهد التالي؟

ماذا سيحدث لليني ومتجرها؟ يجب أن يكون هذا هو الموضوع الذي يوحد الكوميديا بأكملها ـ حتى نهايتها.

أطلق العنان لخيالك أثناء كتابة كل السيناريوهات المحتملة ـ إليك بعض التلميحات المفيدة:

تجنب كتابة حوارات تزيد مدتها عن 10 دقائق وتكون مجرد حوار لا نهاية له دون نقاط مرتفعة أو منخفضة، فسرعان ما يصبح ذلك مملاً للمشاهدين. يجب أن يحدث شيء ما دائمًا؛ بناء التوتر. املأ أحد أعمالك الكوميدية بما لا يقل عن 8 مشاهد؛ أكثر قد يعمل في بعض الأحيان بشكل أفضل. لا تحاول أن تجعل الجمهور يضحك باستخدام تعبيرات فظة في الحوار ـ يجب أن تأتي الكوميديا من الحوار والنص والكوميديا الظرفية وحدها، "ولا تستخدم الكلمات الخنزيرية لتشجيع المشاهدين على "النقر على الأفخاذ.

إن التساؤل عما يشكل الفكاهة الحقيقية قد يجعلك تتساءل: ما هو الشيء المسلي الذي أشاهده بالضبط، والذي يضحك عليه الجمهور؟ القاعدة الأولى في الكوميديا هي أن الجمهور يعرف أكثر من أي ممثل على المسرح إما يحدث!!

يجب أن يبدأ العمل الدرامي الصحيح بفهم التوتر والكوميديا في العمل في وقت واحد. أنت تعرف ما أعنيه؟ تخيل أنه عندما يختبئ شخص ما في غرفة ولكن الأشخاص الآخرين الموجودين لا يلاحظونه؛ بينما يعلم أحد أفراد الجمهور. كل هذا يخلق التوتر والكوميديا في نفس الوقت.

"أولئك الذين يحفرون حفرة للآخرين سيقعون فيها بأنفسهم" أي شخص مطلع على هذا التعبير يعرفه جيدًا ـ" فنصب الفخاخ للآخرين من أجل سحبهم إلى حفرة واحدة يمكن أن يقودهم إليها بأنفسهم ـ سواء اتخذ هذا شكل المواد السامة المشروبات والمواد الغذائية المعدلة ومصائد الفئران أو الرسائل أو المحادثات الهاتفية وما إلى ذلك ...

للوهلة الأولى، يبدو هذا مضحكًا لكل من المشاهد والشخصية. على أي حال، عادةً ما يعمل هذا النوع من السيناريوهات بشكل جيد في الأفلام الكوميدية: يضحك المشاهدون عندما تقع في فخها شخصية مختلفة تمامًا أو حتى الشخص الذي ينصب الفخ بنفسه، مما يؤدي إلى سخرية كوميدية رائعة. تميل الهويات الخاطئة إلى التجاوز جيدًا أيضًا ـ يمكن بسهولة الخلط بين الأشياء والأشخاص!

لديك منزل وموعد وضروريات أخرى مختلفة.

يمكن أن يكون سوء الفهم في المحادثات أمرًا مضحكًا أيضًا: عندما يذكر الحرف "أ" سفينته "أنتجي"، قد يفترض الحرف "ب" أنه يقصد زوجته التي تحمل الاسم نفسه ـ نرحب دائمًا بالكوميديا المضحكة ذات العامل العكسي! الاتجاه ـ من عام 2008:

كيف يحدث ذلك؟ يتصرف الرجل مثل المرأة أو العكس لأسباب غير معروفة. ما هي العوامل التي يمكن أن تفسر مثل هذه السلوكيات؟

على سبيل المثال: كيف تتصرف مثل البغايا؟ الرجال يقومون بالتعري. ويمكن للنساء حتى أن يصبحن عمال إبناء

أو امرأة في منصب المستشارة (للأسف موجودة بالفعل). هذه مجرد بعض الاقتراحات، وقد قمت بالفعل بإدراج العديد منها في مقالاتي؛ هناك المزيد! إن القيام بهذه الأشياء بذكاء وبشكل صحيح لن يؤدي إلا إلى نتائج مثيرة للضحك في الأعمال الكوميدية.

خلق شيء غير موجود في الحياة الحقيقية.

على المسرح، هذا يمكن أن يجعل المشاهدة مضحكة للغاية:

يقدم أحد الممثلين المنتجات التي لم تكن متوفرة من قبل ـ الاستعدادات الدائمة للموجة التي تستمر لأشهر؛ منتجات نمو الشعر ذات تأثيرات نمو سريعة للغاية؛ بطانات اللباس الداخلي للرجال؛ الشوكولاتة التي تزيد الذكاء بسرعة، وما إلى ذلك ـ التي لم تكن متاحة للشراء في السابق ـ ولكن للأسف لها العديد من الآثار الجانبية ويمكن أن تتحول بسرعة إلى كارثة! أدائي بعنوان "ليس لدينا هذا ـ إنه غير موجود" ركز بشكل خاص على هذا الموضوع.

أو خذ الابتكار الطبي. يقوم أحد الكيميائيين الهاوي بصنع مصل للقضاء تمامًا على رائحة العرق، مما يجعل هذا الاختراع الرائع عفا عليه الزمن وغير ضروري لرائحة العرق مرة أخرى ـ ولكنه يحتاج إلى متطوعين لاختبار ذلك وسوف تغير هرموناته عالية التركيز الناس. ("الأستاذ المجنون"). قد تبدو كل هذه المواضيع سخيفة ولكن لها تأثير هائل على المجتمع ككل.

الشخصيات المضحكة في الأفلام الكوميدية تكون دائمًا فعالة جدًا. بـ "الشخصية المضحكة" أعني ذلك غالبًا ما تتميز هذه الشخصيات عن أقرانها من الشخصيات بطرق مختلفة، سواء كانت عيوبًا أو غير ذلك. يمكن أن تشمل الأمثلة أشياء مثل الأخطاء اللغوية (عدم التحدث باللغة الألمانية أو اللهجة)؛ الأفراد المحرجين أو الأقل تعليمًا؛ الجهات الفاعلة الملونة. أولئك الذين يرتدون ملابس مختلفة وأشياء أخرى. تضيف مثل هذه الشخصيات شخصية وغالبًا ما تصبح المفضلة لدى الجمهور بسرعة. علاوة على ذلك، فإن مثل هذه "الشخصيات المضحكة" لا تحتاج إلى لعب أدوار رئيسية لإضافة الفكاهة؛ حتى تلك الصغيرة في الحبكات الفرعية يمكن أن تكون مسلية بنفس القدر!

شخصياً لا أؤيد ضم الشخصيات التي تعاني من صعوبات في النطق إلى المسرحية. يجب أن تكون جميع* شخصياتك فريدة من نوعها؛ وإلا فمن أين ستنبع الدراما والصراع؟

ألم Roy Black أو Theo Lingen اللغة والتعبير مسألة حساسة للغاية. شاهد أي فيلم من السبعينيات مع يكن ذلك ممتعًا؟ ولكن، جديًا، هل أنت متحمس لمؤامراتهم وحواراتهم كما كانت عندما تم إصدارها لأول مرة (إذا كان عمرك أقل من 30 عامًا، فلن تعرفهم على أي حال؛ استأجرهم من متجر الفيديو الخاص بك واحكم). نادرًا ما أجد هذه الأفلام مضحكة الآن لأن ما يُعرض غالبًا ليس "مضحكًا" للغاية. من المؤكد أن الوقت قد غير كل شيء.

في الوقت الحاضر، عند مشاهدة فيلم برنامج مسائي على شاشة التلفزيون، فإننا نميل إلى رؤية المزيد من الجلد المكشوف مقارنة بأفلام السبعينيات. ليس فقط هذا؛ من المؤكد أن الأفلام المعاصرة تحتاج إلى أن تعكس هذا التحول لأن الكثير منه يحدث شفهيًا ـ فكر في فيلم "الجنس والمدينة"، الذي يضم ما لا يقل عن 50 كلمة إجنسية ليست جزءًا من مفرداتي اليومية ولا من مفرداتك

ما الذي يميز الترفيه عن المسلسلات التلفزيونية أو الأفلام مثل الأفلام المسرحية التلفزيونية عن المسرحيات من حيث استخدام اللغة والحرية البصرية؟

ولا يمكن لأحد أن يعطيك إجابة دقيقة هنا أيضًا؛ المسرح على خشبة المسرح دائمًا حي! قد يكون سؤالك التالي هو ما الذي يمكن وما لا يمكن عرضه أو قوله على خشبة المسرح؛ وأشير هنا على وجه التحديد إلى ما تم كتابته كسيناريو ويجب بعد ذلك إعادة إنتاجه من قبل الممثلين على خشبة المسرح.

حسنًا، المسرح مجال واسع. يظهر الممثلون عراة الصدور تمامًا في بعض المسرحيات، ويعبرون عن كل ما في وسعهم. أنا متخصص بشكل أساسي في العروض المسرحية الشعبية التي تديرها مجموعات الهواة أعرف أنه لن يظهر أي ممثل هاوٍ في مسرحية شعبية للهواة وهو يرتدي ملابس داخلية سوداء فقط؛ وكعضو من الجمهور، لن يكون هذا شيئًا يروق لي أيضًا. بالإضافة إلى أنه يبدو غريبًا

يعد الحب والجنس من المواضيع الدائمة في المسرح الشعبي، لذلك أستمتع بوجود صور في ذهني عما قد يحدث في المنزل المجاور. على سبيل المثال، مسرح فارغ بجواره باب مفتوح بأصوات الذكور من كلا الجنسين؛ بعد مرور بعض الوقت، عندما يأتي شخص ما إلى المسرح وهو يرتدي ملابسه الداخلية متعرقًا قليلاً ولكنه راضٍ، يمكن للجميع إنشاء نسخهم الخاصة لما حدث هناك بدلاً من رؤية شيء حقيقي يحدث ويظهر مباشرة على خشبة المسرح. أجد هذا أكثر جاذبية.

وكما ناقشت هذا الأمر أثناء المناقشة، كان تفكيري مشابهًا لذلك. في حين أن الممثلين الهواة اليوم قد يستخدمون كلمات مثل "ضربة" و"متشرد" و"اللعنة"، فلا يوجد شيء خاطئ بطبيعته في كتابة مسرحيتك بهذه الطريقة إذا بدا ذلك ضروريًا؛ ومع ذلك، فإن معظم الممثلين يستخدمون مصطلحات مختلفة عند الأداء أمام الجمهور.

لا أستخدم هذه الكلمات مطلقًا في أعمالي! لقد أثار هذا الموضوع بالفعل محادثات ساخنة، حيث شكك الناس في نطقي الرسمي المفرط في حوارات مسرحياتي. ولكن هنا تفسيري:

"الاصطدام الخ." ليست جزءًا من لغتي اليومية. باعتباري أحد الجمهور في المسرح الذي أشاهد عرضًا كوميديًا، أريد أن أكون منخرطًا تمامًا في ما يحدث؛ العيش مع الممثلين. أقوم أيضًا بإنشاء صور في ذهني لأشياء تحدث خارج المسرح كما أخبروني بها - عندما يريد شخص ما الذهاب للتسوق أو الاستحمام؛ على سبيل المثال؛ هذا يحدث على الفور في ذهني!

في البداية، قد يبدو الأمر مفاجئًا ولكن الحوار المنطوق له نفس التأثير عليّ؛ عندما يخبرني أحد الممثلين أنهم قتلوا قطة أو أبلغ شخص ما أنهم سرقوا بنكًا، أتخيل هذه الصور. تخلق قراءة الروايات تأثيرات مشابهة حيث يتصور عقلك الشخصيات والأماكن والأشياء والأحداث من الرواية إلى مخيلتك.

إذا قالت إحدى الممثلات على المسرح: "أوه، أود أن أفعل ذلك دون عائق مع مديري على طاولة المطبخ،" فسوف تتبادر إلى ذهني على الفور صورة وأضحك بصوت عالٍ على كلماتهم. ومع ذلك، ماذا سيحدث إذا قالوا بدلاً من ذلك: "أوه، أريد أن أضاجع مديري" بدلاً من ذلك؟

كمشاهد، سأشعر بالصدمة. لحظات الصدمة يمكن أن يكون لها تأثير قوي في العديد من القطع؛ لكنهم لن يظهروا أبدًا في أعمالي، حيث يفضل المشاهدون الاستماع وخلق صورهم الخاصة في رؤوسهم على أن يصدمهم شخص ما على المسرح من خلال الحوار.

هذه هي وجهة نظري في الأمر. ومع ذلك، إذا اختلفت قوانينك، فلا توجد قوانين تمنعك سؤال عن حد اللعب؟ لقد كتبت أفلامًا كوميدية تصور نساء ينجذبن بشدة للرجال، وتحتوي على محتوى حار جدًا؛ يمكن لممثليهم خلع الملابس كجزء من دورهم؛ حتى أنني قد أخلع ملابسي الداخلية عند الضرورة! ولكن ربما يمكن أن تحدث المشاهد التالية في غرفة أخرى قريبة بدلاً من ذلك؟

إذا ذهبت إلى أبعد من ذلك واستخدمت لغة فظة للغاية، فسيشعر جمهورك كما لو أنهم يشهدون عرضًا مسرحيًا حقيقيًا.

يجب أن تفي الكوميديا الخاصة بك بمعايير ومستوى معين. ابحث عن مستوى مناسب من الإثارة الجنسية ودعها تتكشف بشكل طبيعي - لا تقصف جمهورك بالإساءة اللفظية؛ هذا التكتيك غير ضروري وغير ضروري.

في ختام كل فصل، اجعله مثيرًا للغاية بحيث لا يستطيع الجمهور الانتظار ليرى كيف ستتكشف الكوميديا بعد ذلك. عند نهاية كل فصل، تأكد من وصول الحبكة إلى ذروة جديدة

عند الكتابة، ضع في اعتبارك دائمًا القارئ عند النظر في المعلومات التي تحتاجها الشخصيات على المسرح. ولا تغفل تعليمات اللعبة في الحوار ـ والتي يجب أن تظهر بين قوسين؛ هذه التعليمات ستكون لا تقدر بثمن بالنسبة للجهات الفاعلة!

جيردا:
صحيح! أين كان ماني؟ كان يجب أن يكون قد انتهى من الحلب الآن ـ الساعة 8 مساءً تقريبًا (يذهب إلى الباب الخلفي وينادي باسمه:) ماني!!! (يعود، ويوزع الخبز والزبدة على الطبق، ويعلوه الجبن وما إلى ذلك)

أرنو: (يقرأ المجلة باهتمام) وهذا يعني أننا لن نحتاج إلى القيام بالتنظيف بأنفسنا بعد الآن؟

هاينريش: أوه لا! يبدو أن كل شيء قد اختفى في القناة.

أرنو: ألقِ نظرة على المساحة التي تشغلها الأبقار.

هاينريش: نعم! سوف يشعرون بالراحة هناك وينتجون حليبًا أفضل نتيجة لذلك. جيردا: لماذا تؤدي المساحة الأكبر إلى إنتاج حليب عالي الجودة؟

هاينريش: جيردا، كم مرة اشتكيت من عدم الراحة عند ارتداء حزامك القديم؟

جيردا: مرحبا جميلة!!!

أرنو: (يضحك) لسهولة الفهم، كتبت تعليمات العزف هنا بخط مائل لتسهيل التعلم من قبل الممثل على المسرح منك ـ المؤلف. يجب أن يتعلموا ليس فقط ما ستكون عليه خطوطهم ولكن أيضًا المتطلبات الإيمائية مثل وقت المغادرة أو الدخول وما إلى ذلك. لا تحذف تعليمات اللعب تمامًا ولكن كن حذرًا حتى لا تبالغ في التنفيذ أيضًا!

أعود إلى فكرتي الأصلية: الكوميديا مع ليني ومتجرها والأطفال الذين يريدون ترحيلهم إلى دار رعاية المسنين! إذا كانت هذه الفكرة تعجبك وتريد أن تكتب عنها، أطلق العنان لخيالك حول ما يمكن أن يحدث من فضلك لا تتردد في أن ترسل لي محاولاتك الكتابية الأولى؛ سوف أقوم بمراجعة والرد بصدق. على موقع الويب الخاص بي www.Theater-Schmidt.de ضمن الإشعار الخاص بي ستجد تفاصيل الاتصال الخاصة بي القانوني.

الفصل التاسع: السعادة الأبدية؟

بعد مشاهدة العديد من المسرحيات الكلاسيكية (خاصة تلك التي كتبها كاتبات)، يعرف المشاهدون بالفعل من الصراع الأول بين امرأة شابة ورجل أن "في النهاية سيحصلون على بعضهم البعض!" لماذا يفعل المؤلفون ذلك؟ لأن الجمهور يحب رؤية نهاية "السعادة الأبدية" في النهاية، أو لأن المؤلف يريد إنشاء واحدة. لقد قمت بذلك بنفسي في العديد من القطع لأنني أعرف من القطع السابقة ما سيأتي بعد ذلك ـ على الرغم من أنه ليس في جميع القطع الأخيرة!
لقد أبعدت كتابتي نفسي عنها إلى حدٍ ما؛ ليس كل شيء يجب أن ينتهي بشكل جيد ـ وهو ما قد يكون غير واقعي ـ لذا لا تعتقد في البداية أن شخصيتين شابتين تكرهان بعضهما البعض في البداية، ولكنهما تجتمعان معًا في نهاية المسرحية، يمكن أن ينتهي بهما الأمر معًا عن طريق الوقوع في أحضان بعضهما البعض في نهاية المسرحية. خاتمة. في حين أن هذا يمكن أن يحدث، فقط اكتب قصتك؛ "السلام والفرح والفطائر" لا وجود لها دائمًا في الحياة الواقعية!

عدم إساءة الفهم؛ من الأفضل أن يبتعد المشاهدون مع حل معظم التناقضات في المسرحية أو على الأقل أن تكون لديهم فكرة عما قد يتطور بعد نهايتها، بينما يجب توضيح أي تعارضات؛ حتى لو كان ذلك يعني التوصل إلى تسوية مع جميع المعنيين؛ ولكن ابحث عن حل مُرضٍ يترك الجمهور راضيًا. هل تتذكر فيلمي الكُوميدي "التطبيق العملي دكتور فريزمان"؟
أمضى هارالد فريزمان سنوات في تأليف الكتب التي ظلت غير منشورة بسبب قلة اهتمام الناشرين. لذلك يجب على زوجته لينا تغطية نفقاتها بصفتها عاملة التنظيف حتى يأتي يوم ينتقل فيه مستأجر جديد إلى الطابق فوقهم ويطلب خدماتها كعاملة تنظيف أيضًا. أفادت جيزيلا أن جيزيلا عثرت على فرد تشير إليه على أنه "سباك الدماغ". من قبيل الصدفة، اسمه الأخير هو فريسيمان ـ وهو أمر تجده لينا وهارالد مزعجًا لأنهما يتوقعان الآن حدوث اضطراب من مرضاه. عادةً ما يصر الدكتور هورست فريزمان على تجاوز الطابق الأول إذا كانوا يريدون العلاج منه، لكن هارالد كان قد دخل بالفعل عبر أحد الأبواب وهو حاليًا داخل غرفة هارالد. يدرك هارالد فرصته ويبدأ في علاج هذا الرجل الذي يريد العلاج بشدة ويضع بفارغ الصبر مئات من اليورو على الطاولة مقابل ذلك. ولكن بعد ذلك ظهر فجأة طبيب نفسي حقيقي، يريد من هارالد أن يعالجهما كلاهما لأنهما يعانيان من الذهان الداخلي...

قد تنتهي هذه القطعة بالفوضى، لكن المشاهدين لن يغادروا وهم يشعرون بعدم الرضا. لقد تم حل مخاوف بطل الرواية المالية من خلال كتابة مخطوطة حول ما حدث على خشبة المسرح بجانبه.
استلهم هارالد كتابة هذه المسرحية من زوجته، وهو بصدد نشرها. اكتشف أحد الجيران أن هارالد كان يعالج المرضى على الرغم من عدم حصوله على ترخيص طبيب؛ تم إسكات غضبهم برحلة. لسوء الحظ، لم يتم شفاء أي من الشخصيات المريضة عقليًا في هذه المسرحية ـ بل على العكس من ذلك؛ كل الأشخاص "العاديين" يصابون بالجنون في النهاية أيضًا!

من الناحية الدرامية، كل شيء يسير بشكل جيد: لقد تم حل الصراع الرئيسي بينما قد تنشأ صراعات جديدة؛ لذلك، يمكن أن تنتهي القطعة بملاحظة متفائلة، مما يترك المشاهد والشخصيات راضين ولكن قلقين بشأن ما يمكن أن يأتي بعد ذلك.

ندرك جميعًا هذه التجربة من الأفلام أو التلفزيون. كم مرة شاهدنا فيلمًا مثيرًا ثم انتهى فجأة...؟ كثيرًا ما يستخدم المنتجون وكتاب السيناريو هذا الأسلوب عند رواية الحكاية؛ إنهم يلخصون قصتها، ويحاولون معالجة مشكلتها الرئيسية بينما يختتمونها بشكل غير مباشر فقط. على الرغم من عدم تطبيق استراتيجيات مماثلة في إعدادات الأداء المسرحي، إلا أن المنتجين وكتاب السيناريو يستخدمون استراتيجيات مماثلة عند رواية قصتهم.

ولكن إذا كنت تفضل أن تنتهي مسرحيتك بنهاية سعيدة، فهذا أمر مقبول تمامًا ـ أردت فقط أن أعلمك بحقيقة أنه لا توجد قواعد صارمة وسريعة!

الفصل العاشر: المحتوى والعنوان

يطلب منك الناشرون والمجموعات تقديم محتويات مقالتك على الصفحات الأولى من مخطوطتك، سواء كان ذلك قبل بدء الكتابة أو في منتصفها أو بعد الانتهاء منها. عادةً لا يغير الناشرون هذا العنصر من عرض المسرحية ـ كثيرًا ما تستخدم الفرق المسرحية هذا الوصف لمسرحيتهم للإعلانات في النشرات وكتيبات واحدة! DIN A5 البرامج والصحافة. يرجى جعل المحتوى الخاص بك جذابًا ولكن لا يزيد طوله عن صفحة هل تريد بعض الأمثلة حول الشكل الذي قد يبدو عليه؟ ـ إليك بعض المساعدة:

Ingo لم تعد أليدا نيومان تجد أي معنى لزواجها من إنغو وتريد إنهاءه بتناول الحبوب المنومة. بسبب أسهم الخاطئة وشراء منزل كبير جدًا، خرجت مشاكلهم المالية عن نطاق السيطرة وأصبحوا الآن مدينين معًا بأكثر من 300000 يورو. تشتبه أليدا في أن إنغو على علاقة غرامية لأنه تلقى مؤخرًا العديد من الرسائل والمكالمات من النساء. ولحماية نفسه ماليًا من الدعاوى القضائية المحتملة الناشئة عن هذه العلاقات، طلب إنجو من أليدا الحصول على أربع وثائق تأمين على الحياة بقيمة 150 ألف يورو لكل منها من شركات التأمين على حياتها. تعتقد أليدا أنه يجب قتلها على يد إنغو، وبالتالي تلجأ إلى الانتحار مع فشل خطتها؛ لكن إنغو يأتي بشيء مختلف تمامًا ـ الإعلان في الصحف المختلفة عن عارضي الصور الذين يمكنهم القدوم لزيارة منزله ودعوتهم شخصيًا. يأمل أليدا وإنغو في السفر إلى الخارج بعد إنشاء صورة لأليدا بأكبر قدر ممكن ـ على الأقل من حيث الطول والوزن. يخطط إنجو لتخدير أليدا قبل أن يقودها معها إلى أسفل تل شديد الانحدار في سيارة زوجته للمطالبة بوثائق التأمين على الحياة في حالة وقوع حادث؛ يخططون لاحقًا لجمع أموال التأمين معًا من خلال حوادث وهمية. ـ وجد إنغو ضحيته المثالية في غابي كوخ. ومع ذلك، يقع إنجو بسرعة في حب غابي ويغير خطتهم من خلال رغبته في وضع أليدا في سيارتهم بدلاً من ذلك. قبل وقت قصير من قتلها المخطط له، تكتشف غابي من خلال أليدا أن إنغو كان ينوي قتلها وتشعر بالصدمة من هذا الخبر. بعد ذلك بوقت قصير، يستمتع أليدا وغابي ببعضهما البعض بقدر ما يستمتعان باكتشاف الحب لبعضهما البعض قبل وضع خطة للقضاء على إنغو بالكولا المسمومة التي يشربها سفين (صديق إنغو) عن طريق الخطأ بدلاً من قتل إنغو نفسها... مع تقدم إلسي كروتورست ... يجب أن يجد الجسد مكانًا سريعًا ليدفن فيه نفسه.

عندما تقرأ قطعة ما، لا تكشف عن نهايتها حتى تتم قراءة الجملة الأخيرة بصوت عالٍ؛ سيؤدي ذلك إلى إثارة الاهتمام بين مديري اللعبة، مما يزيد من احتمالية طباعة القطعة دون أن يرى القراء نهايتها قبل طباعتها بأنفسهم. خذ بعين الاعتبار هذا الاقتراح أيضًا:

آنا تالمان هي أم لابنة تبلغ من العمر 18 عامًا وتعيش مع زوج واحد يعمل بعيدًا خلال الأسبوع ويكسب "أجورًا جيدة"، بالإضافة إلى "أفضل صديقين" تقضي معهم الوقت يومًا أو يومين كل أسبوع. إنها تشارك ساعات من القيل والقال، فضلاً عن أسرارها الأكثر حميمية لطائر موثوق به في مراقبة كليهما. شقتها المستأجرة كبيرة ومؤثثة بشكل جيد، في حين أنها لم تتعرض قط لمرض خطير؛ كل الدلائل تشير إلى كونها امرأة استثنائية. لقد جعلتها صراعاتها اليومية تشعر بأنها عديمة الفائدة وأن عائلتها تخلت عنها في دورها المتمثل في رعاية الأم والزوجة. إروين لديه موقف غير صحي تجاه زوجته. عندما يكون في المنزل في عطلات نهاية الأسبوع، يفضل مشاهدة مباريات كرة القدم أو حضور مباراة التزلج الخاصة به بدلاً من قضاء الوقت معها. بدأت آنا تستوعب إحباطها من خلال الإفراط في تناول الطعام، الأمر الذي أدى إلى زيادة وزنها بمقدار 20 كيلوغرامًا. ولكن الآن، آنا تريد تغيير شيء ما! تطلب معدات اللياقة البدنية من متجر تلفزيوني، وتحضر جلسات الجمباز الجماعية وتحصل على نصائح بشأن الماكياج من سونيا ـ كل ذلك بينما

تأمل في إعادة إشعال شعلة زواجها بسهولة وسرعة. ومع ذلك، تظل خطتهم معقدة ومعقدة. في أحد الأيام، عندما تعطلت غسالة آنا، يصل مصطفى يلدز لإصلاحها ـ فتُعجب آنا على الفور. يدعوها لأمسية "تركية" لا تُنسى! هل ستستسلم آنا لسحره أم ستسيطر على حياتها بنفسها؟

وهنا أيضًا، نكشف عن المحتوى والصراع دون أن نطلع على حله. وبالمثل، يجب أن تحذو قطعك حذوها نظرًا لأن كل مسرحية تتطلب عنوانًا، فإن تسمية عنوان قد يكون أمرًا صعبًا في بعض الأحيان. يجب أن يكشف العنوان المثالي عن شيء ما عن العرض وفي الوقت نفسه يجذب انتباه الجمهور عند قراءة الملصقات وكتيبات البرنامج. قد تتكون العناوين من كلمة واحدة فقط، أو تكون سؤالاً، أو تحتوي على جمل كاملة؛ أنصح عمومًا بعدم استخدام العناوين الطويلة وأفضّل الإصدارات الأكثر غموضًا مثل ما يلي كأمثلة:
ريتا وأولفرت براور، وهما من الأفراد الأثرياء للغاية، انتقلا مؤخرًا من المدينة إلى الريف مع ابنهما هاينر. جيرانكم.
يعيش الزوجان ديكمان هيكو (عاملة) وجيسين (ربة منزل) حياة "بسيطة" على الرغم من العيش في ظروف سيئة؛ على الرغم من أنه يجب عليهم تقديم التضحيات هنا وهناك من أجل البقاء؛ ومع ذلك تبقى بصحة جيدة وراضية عن الحياة. تجعل ريتا (خبيرة التجميل) وأولفرت (رئيسة التحرير) وجودهما محسوسًا يوميًا لجيرانهما كدليل على تفوقهما. ينشأ جدال بين العائلات عندما تعود ماريون ديكمان إلى منزلها من ألاباما. بصفتها جليسة أطفال في ألمانيا لمدة عام واحد، صدمت الجميع عندما عادت ـ مما أثار استياء الجميع في البداية ـ بتقديم جوني، وهو طالب طب أفريقي! لقد ثبت أن هذا كثيرًا بالنسبة للزوجين براور. تحاول كلتا العائلتين الآن جعل الحياة صعبة على بعضهما البعض من خلال المؤامرات والهجمات السيئة، مما يؤدي إلى تسويات قضائية؛ وفي النهاية تم تركيب سياج عالٍ بين ممتلكاتهم لفصلهم بشكل أكبر. عندما تهاجم جيسين أولفيرت مرة أخرى، يصاب أولفيرت بنوبة قلبية، لكن جوني وحده يستطيع إنقاذ حياته...

من ناحية المحتوى، حبكة القصة واضحة جدًا. في قلبها تكمن عائلتين مختلفتان تمامًا، ونحن نرى اختلافاتهما على المستوى الشخصي والمالي. هذا هو بالضبط ما حاولت تصويره في عنواني ـ لذلك ستجد هنا كل شيء. يتم تسليط الضوء هنا على تناقضين صارخين جدًا للمشاهدين من خلال عنواني؛ والتي يمكن ترجمتها تقريبًا على أنها: "خبز ميتورست والكافيار". لن يأكل أي ممثل أيًا من الصنفين مباشرة؛ وهذا التمييز بينهما لا يوجد إلا من خلال ألقابهم.
يعود مينو وماتيلد جروبين من إجازة مدتها 4 أسابيع في مصر مع طفليهما هينينج وأنيت في انتظار احتفالات عيد الفصح بفارغ الصبر؛ ولكن بدلاً من ذلك، اكتشفوا أنه عند عودتهم، وصلت كومة من رسائل التذكير من شركات المرافق إلى صندوق البريد الخاص بهم ومكالمة بالبنك تؤكد وجود حساب مسحوب بمبلغ 30 ألف يورو؛ وربما يكون الحجز غير الصحيح هو الذي ساهم في حدوث هذا الخطأ، لذا يحرص موظفو البنك على حل المشكلة فور عودتهم من العطلة.

في هذه المسرحية، تواجه عائلة تحديًا للعيش مكتفية ذاتيًا لمدة أسبوع واحد دون أن تقصد ذلك. إذن ماذا يمكن أن يكون عنوان هذه القطعة؟
"روبنسون كروزو يرسل تحياته". هذا مناسب، أليس كذلك؟!
ومثال أخير:
المحتويات: نيكو وسيلفيا شرودر يحتفلان بالذكرى السنوية الأولى لزواجهما. يشعر نيكو بالسعادة لأن زوجته لم تتركه، على الرغم من أنه عاطل عن العمل لمدة عام كامل ويجب على سيلفيا أن تكسب الدعم لكليهما. يقرأ

نيكو عرض عمل جذابًا من إحدى شركات القهوة في جريدته اليومية ويقدم طلبًا سريعًا عبر الهاتف ويتم قبوله سريعًا للتوظيف. ولكن بدلاً من تلقي عينات القهوة الموعودة، تصل المجلات المثيرة بشكل غير متوقع إلى منزله بعد بضعة أيام، مما يترك نيكو في حيرة من أمره بشأن كيفية تفسير هذا التناقض. سيلفيا غاضبة من نيكو؛ إنها تعتقد أنه يحتاج إلى بديل بسبب حملها. تزداد الأمور سوءًا مع انتقال حماته للعيش معه أيضًا، حيث ؛ ثم يصبح كل شيء غير ERO تواجه مشاكل خطيرة معه. يعتقد نيكو أن كل شيء قد تم حله حتى ظهور واضح مرة أخرى.

يجمع هذا العنوان الحروف الأولية لشركتين مشاركتين في هذه القطعة ـ واحة رومانسية حصرية وقهوة وبما أن الجنس هو جوهر هذه الكوميديا، فإن هذا العنوان ـ في كلمة واحدة لتكوين "ERO-TI-KA". تيمان منطقي تمامًا.
كتب إنجو ساكس مسرحية ذكية للغاية عن امرأة شابة تعاني من الخرس ـ عدم القدرة على التواصل أو الاتصال. أصبحت الممثلة الرئيسية سيليا، التي يطلق عليها اسم "Amanita"، مشهورة بسبب هذا الدور في لذا ألقِ نظرة وستفهم قريبًا سبب اختيار المؤلف ـ Ingo Sax هذا الإنتاج المكون من أربعة أشخاص بواسطة هذا الاسم! شكرًا لإينجو ساكس على إنجازه الرائع!

"The Inn of the Golden Anchor"، و"Jubilaum"، لا تفرط في التفكير في اتخاذ قرار بشأن اللقب؛ من بين العديد من المسرحيات الشهيرة "The Smuggling Brothers"، و"The Star of Padua"و الأخرى والحائزة على جوائز في كثير من الأحيان، لها عناوين تشير ببساطة إلى مكان وقوع الحدث أو إتصفه. ما الذي جعلها علامة ـ هذا مقبول تمامًا
لكن بعض الأعمال المسرحية لها عناوين مملة أيضًا. قطعة واحدة أعرفها ببساطة تسمى "المسرح" لا تترك مجالًا كبيرًا للخيال أو الإبداع عند النظر في دراماتورجها أو محتواها.
بمجرد الانتهاء من عملك، أو أثناء كتابته، قد يأتي تحديد اسمه بشكل طبيعي؛ ولكني أود أن أنهي المناقشة المحيطة باختيار العنوان من خلال تحديد بعض الخيارات المتاحة لنا عند التفكير في خيار لمسرحيتك.
تخيل هذا: في بعض الأحيان عندما أتحدث مع الأصدقاء، تخرج كلمات أو جمل عشوائية من شأنها أن تشكل عناوين رائعة للقصائد أو الروايات.

النظر في هذا. عندما نقرأ أو نستمع إلى مثل هذه العناوين، يظهر شيء جديد تمامًا. لم نعد نبدأ بصياغة فكرة وحبكة قبل تعيين عنوان لاحقًا (الطريقة التي تتقدم بها معظم المسرحيات)؛ بل نبدأ الآن بمجرد الحصول على العنوان نفسه ـ ثم ننشئ قصتنا حول هذه الفكرة من هناك! عندما أرى هذه العناوين أفكر على الفور في 100 شيء من الممكن أن تغطيها ـ أليس كذلك؟
لا تتردد في تجربة هذا البديل أيضًا، فقط من فضلك تجنب استخدام العناوين التي كتبتها هنا لأنني أخطط لدمجها في كتاباتي خلال الأشهر القادمة.

عند الكتابة، يجب على المرء أن يأخذ في الاعتبار جميع النتائج المحتملة لجهوده في الكتابة. يكتب الروائي كتابه للقراء الذين يمكنهم شراءه من المكتبات ـ ويشارك هنا أيضًا الناشرون والمطابع؛ بالنسبة للمسرحيات والمسرحيات التي سيتم تأديتها، فمن المرجح أن تؤديها الفرق المسرحية ولن يتم شراء مخطوطاتها في أي مكان، ولن تتم قراءتها بسهولة في كلتا الحالتين ـ يجب أن تؤخذ جميع هذه العوامل في الاعتبار عندما يكتب المرء مسرحيته أو روايته.

بمجرد الانتهاء من مسرحيتك وشعورك بالفخر بتقديمها للنشر، أرسلها إلى ناشر واحد أو أكثر للنظر فيها. أقترح البدء باختيار ما يبدو مناسبًا فقط؛ على الرغم من أن المراجعات قد تستغرق بعض الوقت، إلا أنها عادةً ما تتضمن اقتراحات لمراجعة أجزاء معينة من مقالتك أو نقد مشاهد معينة منها بواسطة المحررين؛ وفي نهاية المطاف، يقوم الناشرون بإعادة المخطوطات عندما تصبح متاحة.

لقد كان طلبك خارج نطاق نظرنا ـ شكرًا جزيلاً لك". لسوء الحظ، لا تقدم رسائل الرفض مثل هذه تفاصيل حول سبب عدم كون شيء كهذا خيارًا بالنسبة لهم. لا تفقد الأمل على الفور إذا حدث ذلك؛ خذ إن رفض ناشري المسرح لا يعني أن عملك فظيع. خذ وقتك في قراءته بعناية مرة أخرى بينما تضع نفسك كمتفرج تشاهده على المسرح؛ تأثيره الكامل قبل مراجعته بشكل شامل قبل عرضه مرة أخرى على ناشرين مسرحيين آخرين، لكنني أريد أيضًا أن أكون صريحًا تمامًا: إذا تم رفض عملك دون أي تفسير أو تعليق من المحرر، فهذا يعني أنه كان سيئًا حقًا ـ لأن كل محرر. يبذلون جهدًا كبيرًا في شرح ما لا يحبونه عندما يبدو الأمر جيدًا بشكل عام، حيث إن انتقادات الناشرين تجعل المراجعة والتحرير أسهل بكثير، لذلك إذا قالوا إنه لا توجد حاجة لذلك، فما عليك سوى قبول إجابتهم والمضي قدمًا في ما كنت تكتبه. إذا قال شخص ما أنه لا حاجة للمراجعة، فلا تسأل لماذا؛ الناشر يعرف أفضل. إذا حدث هذا مع ناشرين متعددين، فيجب عليك في النهاية أن تتصالح مع حقيقة أن ما كتبته قد لا يكون ذا جودة عالية بشكل خاص؛ ربما لا تكون الكتابة ببساطة موطن قوتك أو أنها لا تناسبك كشكل فني. في مرحلة ما من رحلتك الكتابية، من المهم أن تكون صادقًا مع نفسك وأن تدرك هذه الحقيقة. بينما يمكننا التكهن بمواهب أخرى غير مستكشفة تقع خارج الكتابة نفسها، فإن النقطة هنا لا تتعلق بذلك ـ بل أنك تعتقد أنك تستطيع وتريد تجربتها!

بغض النظر عما إذا كانت كوميديا، أو دراما، أو مهزلة، أو رواية جريمة، أو مسرحية متعددة الفصول أو مجرد رسم قصير ـ فالكتابة باللغة الألمانية القياسية أو لهجة لهجة أمر متروك لك تمامًا ـ تظل الحقيقة: يجب أن تقنع مقالتك أولاً محررًا في مكتبك. الناشر المختار أن عملك متماسك وخالي من الأخطاء وله حبكة "مثيرة"؛ لا تفقد خيطها وهي قابلة للعب ومناسبة لهم بالإضافة إلى توفير المراحل عند الضرورة.

يجب أن تخاطب مسرحيتك أولئك الذين سيؤدونها؛ وإلا فلن يوقعه أي ناشر وسيبقى الغبار لسنوات دون فائدة من المسرح ـ وهذا آخر ما تريده!

افترض أنك تلقيت بريدًا من الناشر الخاص بك ووجدت أن محرره قد راجع مقالتك وقدم تعليقات بشأن التغييرات الضرورية. ولكن ربما ذكروا أيضًا ما يجب تغييره بحيث يتناسب مع برنامجهم تمامًا كما أرسلته أنت.

كيف ترد؟ ـ أستطيع أن أتخيل ذلك: قراءة السطور والانتقادات من محرر لا تعرفه جيدًا ما تكون مباشرة جدًا، مما يسبب الصدمة والإهانة والغضب. "القطعة رائعة ـ بماذا كان يفكر؟"... كل هذه الجمل يمكن أن تصبح مشكلة بالنسبة لك لأن العثور على ناشر للرواية الأولى غالبًا ما يكون أمرًا صعبًا.

توقف عن التفكير بهذه الطريقة والإهانة. المحرر ليس هو الله ـ فهو لا يقدم سوى رأيه ـ ولكن يجب عليك احترام معرفته بوظيفته وكذلك قبول أي انتقاد يستهدف مقالتك. كن منطقيًا مع نفسك عند قبول النقد، خاصة فيما يتعلق بنقاط محددة تم انتقادها. افعل ما ينصحك به المحرر رغم اعتراضاتك ـ بمرور الوقت ستتعرف على حكمته!

التي شاركت في كتابتها مع كريستوف بريداو، "Chez Andre" مقالتي السابعة والأربعون "مرحبًا بكم في وتم تقديمها إلى ناشرين للنظر فيها، تم رفضها لأنها محفوفة بالمخاطر للغاية. عندما قرأنا رسالتهم أذهلنا ـ يمكن رؤية محتوى هذه المقالة هنا:

خسر كل من أندريه لامبرشت وفرانك واتنفال كل شيء في سوق الأوراق المالية وهما عاطلان عن العمل حاليًا، حيث استأجرا شقة مكونة من غرفتين معًا لإبقاء التكاليف منخفضة. ولسوء الحظ، لم تظهر أي فرص عمل حتى الآن، لذا فقد قاموا بالفعل بتسوية دفعات الإيجار.

تصدر صاحبة المنزل إلفريدي كراوس إنذارًا نهائيًا مدته أسبوع واحد للعثور على عمل أو دفع الإيجار؛ وإلا فإنها تريدهم بالخروج. أندريه لديه فكرة ملهمة. بدأوا معًا في تقديم خدمات المرافقة والمرافقة للنساء في "Chez Andre" أو الوجبات أو الرفقة يبحثن عن اللاتي السيدات قبل من بسرعة قبولها يتم ؛ التدليك منهن؛ لكن الأمور تتصاعد بسرعة إلى ما هو أبعد من التوقعات حيث تحاول صاحبة المنزل ألفريد كراوس وتينا كل ما في وسعهما لوقف هذا النشاط ـ ومع ذلك يستمر الحب بينهما...

هنا، يتم تصوير أقدم تجارة بشكل فكاهي للغاية مع عكس أدوارها التقليدية، مما يوضح إلى أي مدى سيذهب الناس لكسب المال اليوم، بينما يُظهر في الوقت نفسه أن النساء على استعداد تام لدفع المال لمجرد قضاء بعض الوقت الجيد مع الرجال. انطباعنا هو أن هذا يقع تحت ضغط الرجال، كما يتضح من وقوع الشخص في حب عميلة لأنه لم يعد يتحمل تلقي الأموال منها، ويظهر سلوكًا إنسانيًا للغاية على المسرح بينما يقدم ترفيهًا دراميًا رائعًا. علاوة على ذلك، كانت العديد من المشاهد مكثفة للغاية! ومع ذلك، طُلب منا "نزع فتيل" أي مشاهد ذهبت أبعد من اللازم بالنسبة للناشرين؛ وقام أحد الناشرين بتضمين هذه النسخة المنقحة في برنامجهم. بينما وجدنا أنه من المخيب للآمال أن مقالتنا الأصلية لم يتم قبولها ـ أحيانًا يقرأ المحررون وفقًا لحالتهم المزاجية وحدها! ومع ذلك، يجب التعامل مع هذا الأمر.

افترض أنك تتلقى مثل هذه الرسالة من الناشر.

لذا تعود إلى العمل ـ غير منزعج من رسالة المحرر، ولكن مملوءًا بالطاقة والتفاؤل لخلق شيء أعظم بكثير ـ ربما عندما تقوم بإجراء تغييرات تكتشف أنه قد تحسن بشكل كبير؛ أو ربما تتعرف بشكل أكثر وضوحًا على الأماكن التي ارتكبت فيها الأخطاء سابقًا.

خصص ساعتين للمراجعة؛ لقد قرأ الناشر مخطوطتك وربما أشار إلى الأخطاء؛ لذلك يجب عليك إرساله مرة ثانية فقط بعد حل كل نقطة انتقاد.

الآن دعونا نجعل الأمور أفضل: تخيل أنك تتلقى أخبارًا تفيد بأن مسرحيتك سيتم نشرها لأول مرة على الإطلاق ـ يا له من شعور لا يصدق. على الأقل لقد تغلبت على عقبة هائلة ووصلت إلى هذا الحد. فهل يعتبر ذلك نجاحًا؟ بالتأكيد ـ لذا اسمح لنفسك أن تشعر بالفخر بما تم إنجازه هنا بالفعل.

بمجرد نشر مسرحيتك، ليس هناك الكثير الذي يمكنك فعله سوى توقيع عقد مع ناشر (سأغطي العقود بشكل أكثر تفصيلاً في الفصل 12) وآمل أن يعرضوا عملك من خلال الكتالوجات المرسلة مباشرة إلى الفرق المسرحية كل عام أو عبر منصات النشر عبر الإنترنت مثل مواقع الناشرين.

والآن يأتي التحدي التالي: الوصول إلى الفرق المسرحية بقطعتك الفنية. غالبًا ما تطلب مجموعات اللعب عرض البرامج من الناشرين؛ ألن يكون رائعًا أن يجد مخرجو اللعبة أن عملك مثير للاهتمام لدرجة أن العديد من المسارح طلبت عرض البرامج من الناشر الخاص بك؟ لسوء الحظ، أنا أتفهم إحباطك؛ لسوء الحظ، لن تعرف في أي المراحل شاهدت مقطوعتك؛ بشكل عام (اعتمادًا على الناشر) فقط بعد اختيار عملك، ستكتشف تفاصيل مثل موقع مجموعة الأداء وتواريخ العروض.

عندما يتم أداء مقطوعتك الموسيقية لأول مرة، فإننا نسمي ذلك الأداء الافتتاحي أو العرض الأول؛ وفي كثير من الأحيان، أنت، كمؤلف، مدعو لحضور هذه المناسبة التاريخية الهامة. ويجب أن لا ترفض مثل هذا العرض! إن رؤية شخصياتك وقصتك ومفهومك تنبض بالحياة أمام عينيك أمر مثير حقًا؛ ثق بي؛ أعرف من التجربة. ربما لا تنفذ المجموعة مقطوعتك تمامًا كما هو متوقع، ولكن مهما كانت النتيجة، فإنها يمكن أن تضيف المزيد من الدراما لجميع الأطراف المعنية!

هل أنت متحمس جدا؟ ومع ذلك، إذا أبلغت المجموعة أن التدريبات كانت ممتعة وأنهم استمتعوا بتقديم المسرحية؛ إذا كان النقد الصحفي إيجابيًا وتطابق أرقام الجمهور، فيمكن المضي قدمًا في مقالك كما هو مخطط له ويعتبر ذلك بمثابة نجاحك الشخصي.

الفصل الثاني عشر: العثور على الناشر "المناسب" لمقالتك وعقودك

قم بتصفح أي مكتبة تحتوي على روايات وسوف تدرك بسرعة أن هناك العديد من الناشرين المتاحين؛ لسوء الحظ، ليس لدى الكتاب المسرحيين العديد من الخيارات المتاحة لهم. لكن هناك ناشرين مسرحيين ينشرون مسرحياتنا بشروط معقولة جدًا، بل إن بعضهم يفعل ذلك بشكل جيد للغاية. أعتقد أن بناء العلاقات مع المحررين في دور النشر هذه أمر أساسي. في البداية، يُنصح بتصفح الناشرين المتاحين عبر الإنترنت وتحديد الناشر (الناشرين) الذي قد يناسب مقالتك بشكل أفضل. بينما كنت أكتب مقطوعات باللهجات بالإضافة إلى في فيردن أكبر تشكيلة من Mahnke Verlag مقطوعات باللغة الألمانية المنخفضة منذ البداية، عرضت لا يزال من الممكن العثور على بعض .(www.Mahnke-Verlag.de) المسرحيات باللغة الألمانية المنخفضة
إقطعي هناك اليوم
ولكن هناك أيضًا ناشرين متخصصين في الأعمال باللهجة الألمانية المنخفضة؛ منذ عام 2008، تم نشر معظم في الإصدارات الألمانية (www.Plausus.de) في بون Plausus Theaterverlag أعمالي من قبل المنخفضة والعالية.

Muhltal في Reinehr البحث في الإنترنت عن ناشرين سيكشف عن عدة ناشرين آخرين، مثل دار النشر Norderstedt ومكتب المبيعات ودار النشر للكتاب المسرحيين الألمان (www.Reinehr.de)، من (vertriebsstelle.de) أو دار النشر المسرحي Rieder Wemding (Theaterverlag-Rieder). de. بين أشياء أخرى كثيرة. ومع ذلك، يتخصص بعض الناشرين في مجالات معينة مثل مسرحيات الأطفال أو الأعمال الدرامية وما إلى ذلك.

لا أستطيع أن أخبرك بالناشر الذي يناسبك بشكل أفضل؛ كل ما يمكنني قوله هو أنني استمتعت منذ سنوات في فيردن Mahnke-Verlag في بون ومع Plausus-Verlag بالعمل بشكل وثيق مع.

ولكن كان لدي أيضًا بعض التجارب السلبية.

ما الذي يجب مراعاته وأولوياته عند إنشاء دار نشر مسرحية؟ في البداية، قاد طفل يبلغ من العمر ثماني سنوات نزاعًا قانونيًا. إذن ما هي العوامل الأساسية في اتخاذ القرارات المتعلقة بملكية دور النشر المسرحي؟

كمؤلف، من المهم تكوين روابط قوية مع محررك وموظفي الناشر؛ لا يجوز لأي فرقة مسرحية تقديم شكاوى بشأن الناشر الخاص بك. يتم بعد ذلك نقل عملك إلى الناشر، الذي يجب أن يعرضه بشكل عادل ويعامل الفرق المسرحية بشكل عادل ومنصف. إذا وجهت مجموعة مسرحية انتقادات ضد الناشر الخاص بك بسبب الطريقة التي تم بها نشر مسرحيتك، فاتخذ الخطوات اللازمة لمعالجتها على الفور. إذا لم يتم قبول عملك على مراحل لعدة سنوات بسبب مخاوف تتعلق بالجودة؛ ومع ذلك، إذا كانت الأخطاء تقع عليهم وليس على عاتقك، فلا تتردد في التعبير عن ذلك.
تتحدث مواقع الناشرين كثيرًا عن عملهم. على الرغم من أنه مخصص في المقام الأول للمجموعات المسرحية، إلا أنه يجب على المؤلفين أيضًا العثور على صفحات مسرحية سهلة الفهم لتصفحها بكل سرور. من فضلك خذ وقتك في تصفح المواقع؛ يمكن للصفحة الرئيسية فقط أن تكشف الكثير عن ناشرها.

إذا وجدت الصفحة الافتتاحية لدار نشر لا تحتوي إلا على لوائح الأداء صادمة، فهذا يتحدث كثيرًا عن مالكها ويشير على الأرجح إلى مشاعر سلبية تجاه دار النشر هذه؛ لا أتوقع أنك ستجد أيضًا هؤلاء الناشرين جذابين؛ ولذلك فمن الأفضل تجنب مثل هؤلاء الناشرين.

إذا كنت تواجه صعوبة في اختيار الناشر الذي ستتعامل معه وتواجه صعوبة في اتخاذ القرار عبر الإنترنت وحده، فلا يكفي، اتصل بالناشر مباشرة واستفسر عما إذا كان يفكر في نشر عملك عبر الهاتف. القيام بذلك يعطي انطباعا آخر. إذا كان هناك شخص غير محترف ووقح على الطرف الآخر من الخط، ففكر فيما إذا كنت تريد أن يعاملك بهذه الطريقة في التعاملات المستقبلية (لقد صادفت أشخاصًا يصفون أنفسهم بأنهم محررون لناشري المسرح، ومع ذلك فقد كتبوا كلمة "العرض الأول" مع " أ". صدقني ـ لم يكن الأمر كذبًا حتى!).

اكتشف ما إذا كان الناشر مناسبًا لمخطوطتك عن طريق زيارة موقعه على الويب والبحث في قاعدة بيانات الكتب الخاصة به للنشر. على سبيل المثال، إذا كنت قد كتبت شيئًا ما باللغة الألمانية المنخفضة، Mahnke، هو أفضل الخيارات المتاحة لك؛ لكن كن صبورًا لأن هذه العملية VVB أو Plausus فمن المحتمل أن يكون قد تستغرق بعض الوقت حتى تصل الإجابة منهم. ومع ذلك، سيؤكد بعض الناشرين استلام أعمالك عبر البريد؛ قد يتصل بك الآخرون عبر الهاتف أو البريد الإلكتروني؛ ولكن إذا لم يتم تأكيد ذلك بعد مرور عدة أشهر، فسأطالبهم باستعادة مخطوطتي. يبدو أن الناشرين المسرحيين يزعمون أنهم يتلقون العديد من المخطوطات كل يوم دون الوقت الكافي للرد أو الرد. (قد يدعي الناشرون الآخرون خلاف ذلك.) إذا كنت تعرف كتابًا مسرحيين آخرين، فاكتشف الناشرين الذين يعملون معهم؛ بشكل عام، لا تلتزم إلا بناشر واحد عند نشر قطعة واحدة؛ يمكن دائمًا تقديم القطع اللاحقة في مكان آخر إذا رغبت في ذلك.

بمجرد العثور على ناشر واكتساب مخطوطتك الاهتمام، سيتم إعداد عقد يجب على الطرفين التوقيع عليه. يمكن أن يختلف كل عقد قليلاً
لا تقلق! لن ينتبه الناشرون الأفراد. ما يهم أكثر هو تحديد حقوق والتزامات المؤلف والناشر؛ وكذلك مناقشة الشؤون المالية والمدة.

باعتبارك المؤلف، فمن المناسب لك فقط أن تمنح الناشر الحقوق اللازمة للتسجيل في الراديو والتلفزيون، وصنع فيلم، والترجمة إلى لغات أخرى. لكنك تظل أنت المبدع الأصلي، حيث تتخلى ببساطة عن حقوق الاستخدام. إذا كان هناك أي شيء في العقد لا يحظى بموافقتك، فما عليك سوى إخطاره ومناقشة التعديلات المحتملة ـ ربما تتغير فقرة أو لائحة واحدة وفقًا لذلك!

وبطبيعة الحال، يعد تقسيم حقوق الملكية جزءًا لا يتجزأ من أي عقد وعادةً ما يحصل المؤلف على 70% والناشر على 30%.
يمكن أن تكون حقوق المدة والإنهاء نقطة مناقشة شاقة في العقود، ومع ذلك أتأكد دائمًا من أنها تتضمن تفاصيل واضحة فيما يتعلق بالمدة وحقوق الإلغاء (على سبيل المثال، كل يوم 31 ديسمبر مع فترة إشعار مدتها 3 أشهر والتجديد التلقائي في حالة عدم الإلغاء).
لكن كن حذرًا: إذا لم تكن هناك معلومات في العقد حول مدته وتم الإشارة فقط إلى فترة الحماية القانونية الخاصة به، فهذا لا يعني شيئًا سوى أن مخطوطتك تقع تحت حقوق الطبع والنشر ـ وبعبارة أخرى، حتى بعد

وفاتك (70) سنوات بعد الوفاة!). أنصح فقط بتوقيع العقود التي تستمر من 3 إلى 5 سنوات مع التجديد التلقائي كل عام بعد ذلك ـ حتى لو حدث الإنهاء بعد 5 سنوات فيجب قبوله، بدلاً من جعل نفسك خاضعًا للالتزام حتى إنهاية حياتك!

إتأكد من تقديم التفاصيل المتعلقة بمدة العقد

عندما كنت أبحث عن ناشر لعملي الأول في عام 1990، وقعت عقدي دون تقديم تواريخ أو مواعيد نهائية لقادة مجموعة الأداء لقبول أعمالي، ووقعت بعد أن رفض هذا الناشر كل قطعة على الفور. إذا حدث هذا مرة أخرى واتصل بك قادة مجموعة الأداء ورفضوا تنفيذها بسبب هذه العقود ـ كما حدث في حالتي ـ فستكون أيديك مقيدة بهم تمامًا وهذا الخطأ يجبرك على محاربة محاميك لمدة 8 سنوات للخروج . وأخيرًا، في الأول من أبريل (نيسان) 2008، انتصرنا أخيرًا وخرجنا. استغرق الأمر القوة والأعصاب.

إكن ذكياً: قم باختيار ناشر "ممتاز"!!!

هل سبق لك أن تساءلت عن مقدار الدخل الذي تحققه مهنة الكتابة المسرحية؟ حسنًا، هذه هي فرصتك لاكتشاف هذه الإجابة بأمانة ـ مثلما يحصل الجنود أو العمال على أجور، يحصل كتاب المسرحيات على الإتاوات من خلال الناشرين الذين نشروا مقالتك.

لن يتم دفع الأموال إلا بعد أن تؤدي فرقة مسرحية مسرحيتك وتقوم بتسوية حساباتها مع الناشر بعد انتهاء موسمها. أما متى ومتى ستصل هذه الأموال: فقد يستغرق الأمر بعض الوقت. يقوم بعض الناشرين بتسوية الحسابات مع المؤلفين على الفور بعد التسوية مع الفرق المسرحية بينما يرسل آخرون بيانات حقوق الملكية كل ثلاثة أشهر ـ حتى أن آخرين يرسلون بيانات سنوية حسب الحاجة.

كيف يتم حساب هذا؟ يجب على كل متفرج يحضر مسرحيتك أن يدفع رسوم الدخول. كما يعلم أي شخص يزور المسرح الاحترافي أو مسرح الهواة بانتظام، تختلف المجموعات بشكل كبير من حيث تكرار العروض وحجم القاعات المستخدمة وأسعار الدخول المفروضة على كل مقعد ـ أعرف مجموعات لا تعرض سوى 3 عروض في غرف تتسع لـ 100 فرد من الجمهور لكل مقعد. 4 يورو لكل منهما بينما يؤدي الآخرون 40 عرضًا على مدار عدة أسابيع تتسع لـ 350 ضيفًا مقابل حوالي 12 يورو لكل منهم! وهكذا تستمر العملية بلا نقطة نهاية!

1. تخيل أن فرقة مسرحية تؤدي مسرحيتك خمس مرات مقابل رسم دخول قدره خمسة يورو لكل متفرج ويتم بيعها بالكامل في كل مرة؛ بإجمالي دخل 2500 يورو من هذا الأداء وحده و10% أو 250 يورو تذهب إلى الناشر؛ من هذا المبلغ، سيعود إليك 70% أو سيعود 175 يورو مباشرة إلى جيوبك كدفعة من هذه المجموعة.

لماذا كتبت "سوف"؟ حسنًا، عادةً ما يحدد الناشرون حدًا أدنى لكل أداء يجب دفعه إذا انخفض الدخل إلى أقل من مبالغ معينة، وعادةً ما يكون حوالي 70 يورو في مثالنا الأول. في هذه الحالة، لن تصل هذه المجموعة إلى هذا الحد الأدنى وبالتالي ستحتاج إلى دفع 70 يورو لأنها لن تستوفي الحد الأدنى من السعر لكل أداء؛ وهذا يعني أن 350 يورو ستعود مباشرة إلى خزائن الناشرين في حين أن 70 يورو منها تساوي 245 يورو بالنسبة لك ($70/20 = 245$)

أسمع العديد من الفرق المسرحية تشتكي من هذه اللائحة؛ تميل المراحل "الصغيرة" على وجه الخصوص إلى أن تجد الأمر مزعجًا للغاية. ومع ذلك، يفرض الناشرون تكاليف باهظة بدون هذه الاتفاقية، وسيجدون أنه من المستحيل تقريبًا البقاء على قيد الحياة بدون هذا الإطار؛ وهذا بدوره يفيدنا نحن المؤلفين أيضًا. ثق بي؛ بدون هذه اللائحة، من المحتمل أن تدفع جميع المراحل 30 أو 40 يورو فقط لكل أداء بدلاً من ذلك!

لا أعتقد أن المراحل يجب أن تشتكي. بغض النظر عن مقدار الأموال التي يتم جلبها، فإن 90% منهم ما زالوا في نهاية المطاف يبقون مع مجموعتهم! يبدو ذلك عادلاً!

2. مثال: لنفترض أن مسرحك يتسع لـ 1000 شخص. كانت رسوم الدخول للشخص الواحد 12 يورو في 16 تاريخًا مختلفًا عندما تم العرض الخاص بك؛ سيبلغ إجمالي عدد المشاهدين 12454 متفرجًا.

يبدو لطيفًا! حسنا أتمنى! لسوء الحظ، لم أتلق مثل هذا المبلغ من أي مجموعة، ولكن هدفي هنا هو ببساطة توضيح كيف يمكن أن تختلف الفواتير بين المراحل ـ يمكنك الحصول على مبلغ زهيد يصل إلى 70 يورو من مرحلة وحوالي 1000 يورو من مرحلة أخرى!

إذا قمت بنشر مقال مكتوب باللغة الألمانية العليا وكلفت مترجمًا بترجمته إلى اللغة الألمانية الدنيا أو لغة أخرى، فيجب بالطبع أن يحصل على الإتاوات؛ بعد كل شيء، لقد قاموا بالكثير من العمل في ترجمته. وتبلغ حصتهم عادة 20%.

أتمنى أن تشعر بالرضا، لأنك تعرف الآن تقريبًا ما يمكن أن تحققه من أرباح عند إجراء المسرحيات.

الفصل الرابع عشر: الكتابة منفردًا أم معًا؟

لقد أكملت بالفعل 40 مسرحية متعددة الفصول عندما زارتني إلكه سيمرز منذ حوالي ثلاث سنوات للحديث عن حياتها مرة أخرى. إنها ممرضة أطفال غير عادية ومعلمة مسرح تحكي القصص بطريقة جذابة وفريدة من نوعها بحيث يجب دائمًا تصويرها في الفيلم. إن الاستماع إلى قصصها أمر ممتع حقًا؛ منذ سنوات مضت أدركنا أنه بإمكاننا خلق حكايات مذهلة معًا. نعم، إذا سمحنا لخيالنا بأن ينطلق جامحًا لمدة ساعة، فيمكن أن تظهر مسرحية كاملة على الفور تقريبًا؛ لسوء الحظ فقط في رؤوسنا في البداية. ومنذ ذلك الحين تم التخلي عن العديد من الأفكار بسرعة. في مرحلة ما، أصبح واضحًا بالنسبة لي أن لديها قصة مثيرة ومشحونة عاطفيًا لمشاركتها، والعديد منها من تجربتها الشخصية، لدرجة أنني عرفت أنها ستؤدي إلى شيء ما.

ربما تتساءل الآن عن كيفية عمل الكتابة معًا ـ "الكتابة معًا". حتى تلك اللحظة كنت قد واجهت نهجين. كان إلكه قد أكمل بالفعل العديد من الأعمال: اللوحات والعروض على المسرح وكتابة الشعر وكتابة الروايات القصيرة بالإضافة إلى المسرحيات؛ حتى أنها حاولت ذلك بنفسها! بحلول ذلك الوقت، كانت إلكه قد رسمت العديد من الصور، وكتبت قصصًا شعرية وروايات قصيرة، لكنها رفضت الكتابة بأسلوب الحوار لأنها لم تكن موطن قوتها ـ على حد تعبيرها.

كانت هذه تجربتي الافتتاحية في الكتابة بشكل تعاوني. بحلول ربيع عام 2008، تعاونا مرة أخرى، هذه المرة مع كريستوف بريداو بصفته كاتبًا مشاركًا لي.
كانت الكتابة مع كريستوف فريدة من نوعها. في مرحلة ما، بدأنا مناقشة المسرح وخطرت لنا فكرة عمل كوميدي يقدم فيه شابان نفسيهما على أنهما "عاهران". (طرأت هذه الفكرة خلال إحدى جلساتي الكتابية السابقة مع كريستوف.) لقد كتبت سابقًا نصًا كوميديًا آخر يعرض هذا المفهوم (راجع القسم السابق للحصول على التفاصيل.)
لقد فكرنا في ."Chez Andre كان من المذهل أن عنوان مسرحيتي جاءني قبل أن أكتبه: "مرحبًا بكم في ولكن قد يكون هذا قد سبب بعض الصعوبات للممثلين الذين ،"Chez Roger" البداية في تسمية العرض بـ يقومون بتأديته لأنه يحتاج إلى تكراره كثيرًا على المسرح. قبل وقت قصير من النهاية، قمنا بتغيير روجر إلى أندريه. كريستوف ينحدر من الراين السفلى ويعمل كممرض حسب المهنة. أحد عشاق الأفلام المتحمسين، يحول منزله إلى شيء مشابه للسينما الفعلية! بينما كان مهتمًا جدًا بالمسرح كنشاط ـ على الرغم من أنه ربما لا يكون ميالًا نحو هذه المهنة. منذ البداية، كان يعلم أنه يجب علينا أن نشارك في كتابة هذه القطعة معًا ـ وهو ما يعني الجلوس معًا أمام الكمبيوتر أثناء الكتابة والتوصل إلى حبكتها أثناء الكتابة. في البداية كان أسلوب الكتابة غير مألوف وغير مألوف بالنسبة لي؛ في بعض الأحيان، كانت هناك اقتراحات من المحرر الخاص بي لم أتفق معها ـ رغم أن العكس في بعض الأحيان. بين الحين والآخر كان علي أن أكبح جماح حماسته عندما ذهبت أفكاره إلى أبعد من ذلك؛ لكنه في مناسبات عديدة كتب أشياء لم أكن لأكتبها بنفسي، وكانت رائعة وثاقبة. تم تحسين العديد من المشاهد فقط من خلال هذا التعاون. ونحن نعتقد أننا يجب أن نفخر بنتائجها. على وبعد الانتهاء منه قررنا عدم التوقف عنه ونعمل حاليًا ،"Chez Andre" الأقل كنا راضين للغاية عن فيلم والتي نأمل أن تكون جاهزة بحلول خريف عام ،"Four Hands for an Udder": على الكوميديا الثانية 2008.

كما نرى، هناك أساليب مختلفة لكتابة الموسيقى مع شخص آخر. إذا اخترت تأليف المقطوعة بأكملها كزوجين، فضع في اعتبارك أنه لا يقع أي من الشريكين ضحية للعمل على مقطوعته بمفرده من وقت لآخر لأن هذا قد يعتبر غير عادل لأحد الشريكين أو كليهما.

هل تفضل الكتابة معًا أم بمفردك؟ لا ينبغي لأحد أن يؤجل القيام بما هو الأفضل بالنسبة لهما ـ لن أثني عن الكتابة معًا، ولكن أود أود التأكيد على أن الأمر يعمل بنفس القدر أيضًا عندما يتم القيام به بمفردي ـ سأكتب بالتأكيد عملي الخمسين منفردًا مرة أخرى هذه المرة! ابحث عن طريقتك وأسلوبك الخاص عند التعامل مع الكتابة معًا أو بمفردك!

النهاية